HOW TO DESIGN cars LIKE A PRO

跟大师学汽车设计

[美] 托尼·列文 (Tony Lewin) 著
[美] 雷恩·布洛夫 (Ryan Borroff)
邹欣 杨洋 译
张英朝 审校

机械工业出版社
China Machine Press

本书将点燃你对汽车设计的热情，引导你从零开始，领悟什么才是好的设计，欣赏真正经典的设计。同时，本书将指引你如何用线条和鼠标一步步地进行汽车设计实践。之后，你就会灵感接踵而至，可以考虑去一些设计院校进修了。

图书在版编目（CIP）数据

跟大师学汽车设计 / (美) 托尼·列文 (Tony Lewin) ，(美) 雷恩·布洛夫 (Ryan Borroff) 著；邹欣，杨洋译. -- 北京 : 机械工业出版社，2017.1

书名原文: How to design cars like a pro

ISBN 978-7-111-55964-1

Ⅰ. ①跟… Ⅱ. ①托… ②雷… ③邹… ④杨… Ⅲ. ①汽车－设计 Ⅳ. ① U462

中国版本图书馆 CIP 数据核字（2017）第 013058 号

机械工业出版社（北京市百万庄大街 22 号　邮政编码 100037）

策划编辑：赵海青　　责任编辑：赵海青　　责任校对：李新承

封面设计：马精明　　责任印制：李　飞

北京利丰雅高长城印刷有限公司印刷

2017 年 5 月第 1 版第 1 次印刷

184mm×260mm · 12.75 印张 · 2 插页 · 50 千字

0001—3000 册

标准书号：ISBN 978-7-111-55964-1

定价：69.00 元

凡购本书，如有缺页、倒页、脱页，由本社发行部调换

电话服务　　　　网络服务

服务咨询热线：010-88361066　　机 工 官 网：www.cmpbook.com

读者购书热线：010-68326294　　机 工 官 博：weibo.com/cmp1952

010-88379203　　金 书 网：www.golden-book.com

封面无防伪标均为盗版　　教育服务网：www.cmpedu.com

目录

前言

伊恩·卡勒姆　捷豹汽车设计总监

在我的想象中，再没有比成为一个汽车设计师更加令人兴奋的时刻了。汽车领域中出现的新挑战和需求将颠覆我们多年来对汽车安全、资源，以及可持续性的诸多设想。

对技术领域发展趋势的预测和消费者需求的研究是当今汽车设计的焦点所在。在这两个因素不断变化的情况下，我们在布置零部件的时候需要不断地质疑。

想要在未来十年中开始自己职业生涯的设计师们需要紧紧地抓住这些围绕着汽车设计的种种质疑，着手塑造一个全新的、唯一的设计方向。

因此，和以往任何时候相比，今天的汽车设计都是一个更需要激情的行业，有才华的年轻人可以真正地通过设计使他们周围的世界大不相同。

对于大多数人来说，这可能是一生梦想的实现。在我十几岁的时候，捷豹Mk II和XJ这样古典造型的车激发了我对汽车设计的热情，鼓舞了14岁的我向捷豹汽车公司投出了人生的第一份求职简历申请！

直至20世纪70年代，汽车设计行业还是一个竞争激烈的世界，为了争取在行业中占有一席之地需要十余年的辛勤劳动和毅力。

经过三十多年的奋斗，我肩负起了重塑捷豹品牌的重任，返回到创新的原点，由捷豹的鼎盛时期威廉·里昂斯爵士创立的现代设计。

这种革命性的变化不是一蹴而就的。经历了10年，这是一个漫长的历程，只拥有设计出引人注目的造型的天赋是不够的，设计师还需要有坚韧不拔的精神和通过沟通传达自己概念的能力。

在捷豹，我们分三个阶段接受了这种从以传承为主的设计理念到现在的转变。每一个成功的造型——XK coupe（XK跑车）、XF sedan（XF轿车）和flagship XJ（旗舰版XJ）都推动了设计风格的前进，结合了独特的现代外观设计包括流畅的线条和整体比例的感觉，奠定了所有经典的捷豹车型的基础。

这些汽车得到了超乎期望的赞许，这证明我们的设计方式是正确的，同时它也是汽车行业能提供给人们作为独特回馈的一个好范例。

对于对汽车设计拥有相同热情，以及向往在这个持续受到热捧和激烈竞争的行业中找到自己立足点的年青人来说，这本书将会使他们受益匪浅。

它让你对汽车设计世界有更详细的了解，同时也展示了许多年轻的、崭露头角的设计师的作品。

那些专注于想象力以及让消费者着迷的新颖、现代的设计理念是汽车设计行业的命脉，我期待着有天赋的新一代汽车设计师能够进入这个领域。

引言

瞬息万变的 设计世界

七年中能发生许多事情，尤其是在变化莫测的汽车工业世界里。为什么我要说七年呢？因为那恰好是《如何设计汽车》这本书从第一版的出版到现在的时间。在这七年中我们不难看出，汽车工业所发生天翻地覆的变化影响着生活中与汽车工业相关的每一个人，并不仅仅局限于从事设计的人。

在这七年的历程中，无论是在展厅中展示的还是在街道上穿梭的汽车，它们的速度都变得越来越快，外形越来越宽大和精美。当日渐严苛的环保法规不再只是象征性的约束而是实质性地出台时，汽车设计师们只能在汽车上寻找突破。那种外形高大、霸气的SUV犹如昙花一现，消费者愈发不能容忍这类仅具有简单优势而没有个性的产品。在造型水平上，炫酷的豪华车型和蒸蒸日上的新入门级车型之间的竞争也非常激烈，例如迈巴赫和布加迪与雷诺Logan和塔塔新款的大众车型Nano（售价仅为1500美元）之间形成的鲜明对比。这些都是独具一格的杰出设计。

汽车制造商们甚至面临更大的干扰因素。财务危机导致了几个大型的汽车制造帝国轰然倒塌，这样的例子将捷豹、沃尔沃、阿斯顿·马丁和萨博这些品牌从高层集中决策的体制中解放出来，同时也迫使它们在残酷的市场竞争中自生自灭。曾经名噪一时的品牌像奥兹莫比尔、庞蒂亚克、罗孚现在已经不复存在，退出了汽车历史的舞台。

更值得一提的是两个亚洲国家的崛起。韩国的现代

与起亚品牌是全球不可忽视的新势力，而中国在全球汽车销售市场上占有重要的席位。同时中国还拥有世界上最多的汽车制造商，这对于所有汽车及零部件商来说都是最渴求的。

上述的一切对于设计师们，尤其是对那些充满创意、胸怀抱负却还没有受过专业训练或者还没找到工作的年轻设计师们来说意味着什么呢？幸好，大部分都是好消息。大量更新颖，规模更小，独立创作的公司的诞生意味着设计界的后起之秀将会有更多的机会进入设计公司施展才华。实际上，汽车设计的复兴正在上演。现在，汽车制造商比以往任何时候都更需要独特的设计概念和汽车风格。

设计决定了汽车的外形特征，同时也直接影响了消费者的购买意愿。随着时代的进步，消费者的需求也越来越多元化。他们希望他们开的车能够有特点，能够彰显个性，能够向外界传达出他们的生活方式、身份地位甚至是他们的价值观与理想。事实上，尽管环保法以及交通安全法对汽车外形加强了限制，汽车制造商还是希望能让自己的产品系列与其竞争者不同，并且所有的制造商都意识到设计是实现这种差异化的最好方式。在此情况下，年轻人能带来的创意火花和新鲜的灵感受到了设计工作室的热烈欢迎。

也许有人会说，想要将设计付诸实施是很不容易的。现在，专业的数字化设计软件售价是很实惠的，所以，任何一个有才干的人只需拥有一台电脑便能创造出令人印象深刻的、接近专业水平的作品。回溯到2003年，当这本书问世的时候，每位用户会为设计软件这一项目花费数千美元。而现在，设计软件的迅速普及使得设计这个行业变得极具挑战，任何一个希望在设计界开创职业生涯的人都需要面临来自全球同行的挑战，无论是从智利到中国，还是从南非到瑞典。

请放心，金子在哪里都会发光，这本书将点燃你对汽车设计的热情：它将引导你从零开始，领悟到什么才是好的设计，欣赏到真正经典的设计，同时，这本书将指引你如何用纸笔或鼠标键盘一步一步地进行实践。然后，一切顺利的话，你的灵感将会接踵而至，这时，就到了该考虑去设计院校进修的时机了（这本书的封底罗列了一些设计院校）。从此以后，就看你的悟性与天赋了。

TONY LEWIN
托尼·列文
RYAN BORROFF
雷恩·布洛夫
Spring 2010
2010年春

第一章

设计的 定义

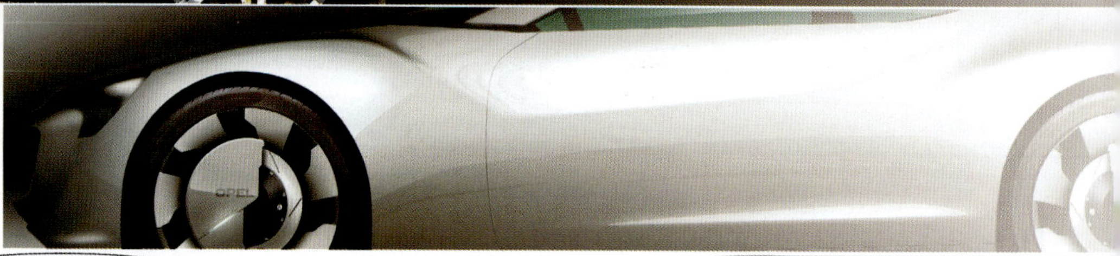

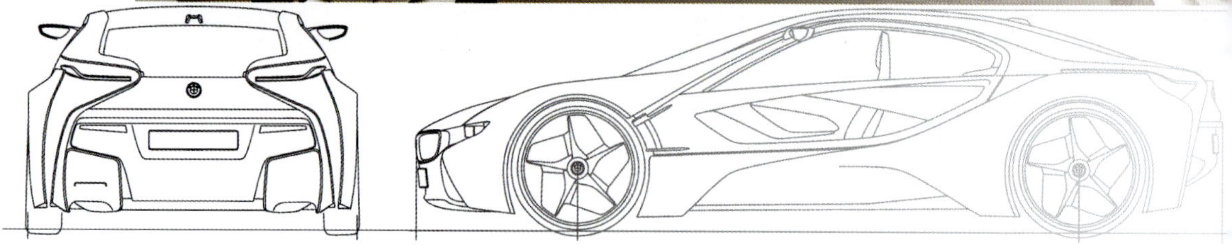

我们曾就三个问题采访过四个主流设计师。这三个问题是，吸引他们投身汽车设计的因素、从事汽车设计对他们的影响及哪一件设计作品最能诠释他们的设计理念。

马雷克·里奇曼，阿斯顿·马丁的设计总监

马雷克·里奇曼见证了阿斯顿·马丁最辉煌的时期，同时主持设计了四门轿跑车DBS、One-77和城市型轿车Cygnet。

我很小的时候就开始迷恋上了汽车和设计。我父亲是一个车迷，而我的哥哥则是汽车发烧友。我们整天在家人和朋友的车库中边修理边倒腾零件，听他们讲20世纪四、五十年代的汽车故事——我想正是因为这样，我作为里奇曼家族的男人逐渐成长。当我的哥哥开始就读设计院校时，我对设计越来越感兴趣。在那个容易受到熏陶的年龄段，我从设计专业的学生那里记住了很多耳熟能详的超酷的知识。

我对属于男孩子的玩具也很着迷。比如Meccano（麦卡诺），Lego（乐高积木），Hornby trains（霍恩比火车），

和 Scalextric（车模大赛），但是真正能激发我想象力的是设计。在阅读了有关包豪斯学校、柯布西耶以及现代设计运动的内容之后，我开始用草图表达出各种疯狂的想法。我需要在设计上接受系统的教育，因此我决定攻读工业设计专业。事实证明，我学习的“材料科学”“立体构成”“功能学”“制造技术”为我现在的工作打下了坚实的基础。我总是不断地追问怎么做和为什么，我认为设计师们要对他们研究的对象进行不断的拆分才能知道它们是如何制造出来的。设计的目标永无止境，伴随着不断的改进。设计师们基本上都是醉心于使世界变得更美好、更有趣的怪才们。

我所接触的所有的设计都遵循以下原则进行：通常情况下，汽车或品牌的定义主导着设计。比如我们最近提交的伦敦新一代公共汽车设计方案就运用了这个原则，不仅实现了更好的功能而且在造型上更有特色。设计的核心就在于艺术与功能。能够验证这个定律最好的例子就是**阿斯顿·马丁的Rapide和One-77**。

彼得·希瑞尔，起亚汽车公司首席设计师

彼得·希瑞尔是世界上最有影响力的设计师之一，他最出名的就是1990年为奥迪设计的汽车，其中最值得一提的就是被认为是20世纪最经典车型之一的奥迪TT。他自2006年起开始担任起亚汽车公司首席设计师。

我认为是在我很小的时候看到的一辆很别致的汽车点燃了我对汽车设计热情。那是20世纪50年代的一辆拥有红色皮革内饰的白色奔驰Mercedes 300 SL。他是我家乡巴伐利亚州的一个摩托车赛车手的坐骑。即使在现在，我还清晰地记着我和我哥哥站在这辆车旁边时的情景。

我父亲对汽车有极大的热情，我记得有一天他回到家里对捷豹的新款E-Type津津乐道。他说这辆车的价格是23000德国马克，这对于我来说就是一个天文数字。但是它的确是一款很棒的、漂亮的车。

我认为好的创意**理念**对于设计一款好车来说是非常重要的。另一款我比较欣赏的车就是**大众的**Rumpler Tropfenwagen-strange，可能对一些人来说它很奇怪，在某种程度它更像一辆马车。Rumpler的设计理念是在一个充分体现流线形的车身中为人们提供一个舒适的空间。它的泪滴造型极好地为使用者提供了便捷和功能，这使得它在汽车中显得如此卓越。它也许是现代汽车史上形式追随功能的第一例设计。事实上，直到20世纪80年代，它的风阻系数仍然是所有车当中最低的。

当然，影响汽车设计者的不只是汽车的设计。比如，让大多数人意想不到的是大众上一款帕萨特的驾驶室设计就是受到了P 51野马战斗机的启发。因此，当你把目光聚焦在野马战斗机的机舱和帕萨特的驾驶室时，你会发现它们有许多共同点。二者的外表风格都以流畅的形式呈现，与机舱一样，帕萨特驾驶室几乎没有与车身完全相互平行的线条，同时其向后收缩的形式与野马战斗机如出一辙。

最让我自豪的是**奥迪A2**。最近在我出访伦敦的时候，在街道上看到了几辆奥迪A2，在今天看来它还是不错的。因为它完美地诠释了它的设计理念——、轻量化空气动力学、低油耗、舒适的操作空间、得心应手的主驾驶位置和极具吸

引力的外形，到现在它仍旧是一款令人赏心悦目的汽车。

我在起亚的设计风格与奥迪是类似的。我们的新款紧凑车型Venga与奥迪A2一样拥有舒适的室内空间以及一个好的驾驶位置。它具有良好的外形——看起来就像一只蹲在公路上的可爱青蛙。但是更令用户惊喜的是它的内部大空间、舒适性以及时尚感。而起亚秀尔具备上述所有的特质，尽管事实上它是一个B级车，但是它的出类拔萃足以让拥有者春风得意。就像我们刚刚推出的新款Cadenza（凯尊），所采用的有紧缩感的圆弧将起亚品牌的设计理念推向了更高的层次，这是一款经典的、标志性的车，它将会在展厅中脱颖而出，将众人的眼球吸引到起亚这个品牌上来。而这个品牌的设计风格的连贯性让Venga也独具魅力，只要见过Venga的人，都会为它所折服，因为他们知道他们眼前的这款车与Cadenza一脉相承。传达起亚品牌的一致性是起亚向前发展面临的关键挑战。我们必须有一个属于自己的设计语言，能明确地传达出我们的设计理念，并让我们的消费者能够领会到。

罗伟基，雷诺公司外形设计副总监

罗伟基是雷诺公司的外形设计副总监。在此之前曾担任通用汽车欧洲设计中心前期设计总监。作为萨博 Aero X的设计师，罗伟基主持了通用汽车旗下的萨博、欧宝和沃克斯豪尔等品牌的设计，包括萨博 9-X/9-3X、2006 Opel GTC、2007 欧宝 Flextreme，以及2009 欧宝 Flextreme GT/E的设计。

20世纪50～70年代的楔形汽车设计极大地影响了我的汽车设计理念。它修长的轮廓、最小化的横截面积、阔气的车宽、简单高效的操作系统，使我着迷。在这个时代涌现出来的经典的车型中（包括玛莎拉蒂宝来、宝马M1、兰博基尼的康塔什和莲花精灵），就我个人而言，兰博基尼Espada（埃斯巴达）是我的最爱。这是一辆拥有超级跑车性能的四座运动型车。它的外形比例十分经典：前置发动机、后轮驱动、长轴距

以及较长的轴距。四座GT的独特之处还在于它在设计上对于各方面的整合，包括格调、气质、性能和表现。流线形轮廓是因为前后排的乘客座位与底盘很接近，所以在长途旅行的时候它的座椅的舒适性曾被质疑。但是话又说回来，如果舒适性是你首选的话，还有很多其他的车可供你选择。Espada（埃斯巴达）是一款具有很强视觉冲击力的大型旅行车，它拥有超级跑车性能的中置发动机，在满载四位乘客的情况下还能以超级跑车的速度在马路上呼啸而过，让驾驶者体验无限的驾驶乐趣。设计一辆四座尺寸适中的跑车是一个非常艰巨的挑战，特别是要兼顾安全性、舒适性和上下车的方便性。Espada的比例是经过论证的，流线型的轮廓平滑地延伸至后排乘客的头顶上方。

Flextreme GTC（欧宝飞灵GTC）的概念中包含了类似的高度优化的设计。它的设计集合了欧宝雕塑感的艺术性与德国制造的精密性。这款流线型轿跑车的整体比例被它的大轮毂和轮胎直径衬托得比较夸张。与超级跑车不一样，主流车型必须迎合大众的口味。自20世纪70年代，安全性能指标以及以客户为本的服务理念都在不断改善，这从根本上改变了汽车设计的视野。与以前相比，现在的汽车设计程序越来越复杂，涉及领域也越来越广。除了为既定的设计概念和发展模式确立一个设计规划，设计师与工程技术部门的同事还要携手并进做出一个最好的方案，使之既能在美学上令人赏心悦目又能给客户提供最大利益。正是因为有了这些挑战才使得汽车设计如此的刺激。

阿德里安·范·霍伊顿克，宝马集团设计中心的负责人

阿德里安·范·霍伊顿克是宝马集团设计中心的负责人，他负责宝马旗下的劳斯莱斯和MINI（迷你）品牌的设计发展。Z9 GT跑车的原型就是他设计的，这款车采用了雕刻艺术的设计概念，在以后的十多年中这个设计概念一直是宝马汽车车身设计的主旨。宝马6系和7系轿车，以及宝马CS概念车型的研究和Z4都受这个设计概念的影响。

绘画是最吸引我的。在我小的时候我就喜欢在每一本书和每一张纸片上乱涂乱画。在某些时候，我在想如何把我能做的事情变成我的专业。另一个让我经常感到兴趣盎然的事情是物件是怎么组成的，物体是怎么产生的。这是我为什么学习工业设计并在后来从事汽车设计的原因。

我们宝马设计团队经常讨论比例、外表和细节。我们在设计上按照这种顺序来处理好它们之间的关系。这就意味着我们会花更多时间使汽车的比例更加协调。车的悬架形式以及车整体的长、宽、高的比例关系都是我们尽可能深入研究的因素。在我们确定最佳比例之前，我们会不断地研究比例模型。在此之后，我们开始处理外观。这时我们会研究光线和阴影。在外形设计中，我们能产生很丰富的情感。最后，我们才会开始考虑到细节。我们对细节的设计非

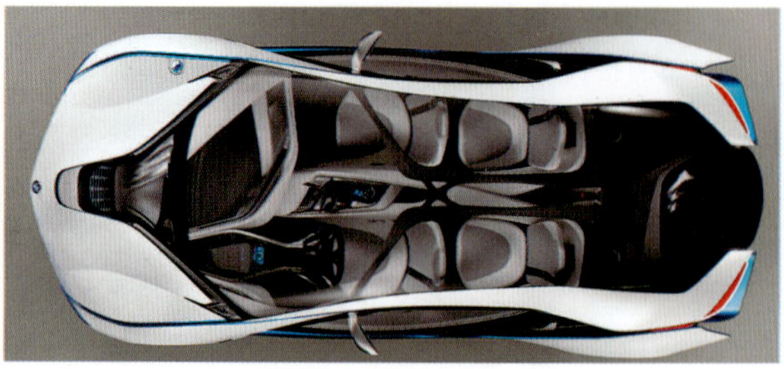

常着迷。这就意味着我们想要确保在一款像宝马、劳斯莱斯、或者迷你这样的高档产品中，消费者能发现更多的细节，这辆车越耐看，他们对这辆车的热情就会越持久。这是让顾客对它的座驾保持长期的新鲜感和强烈的情感依赖的秘诀。

最近，一款概念车和一款量产车充分概括了我们的这种设计思路。概念车是我们于2009年在法兰克福展示的**宝马Vision Efficient Dynamics概念车**。这是一款不止关于设计的汽车。它解决了汽车行业今天所面临的最大难题——采用全新的电力驱动或者更小的发动机这样的传动系统所造就的低消耗与低排放。在宝马 Vision Efficient Dynamics的设计上，我们通过使它很轻巧和更符合空气动力学原理来实现上述所有的方面。同时，轻巧与空气动力学这两种元素贯穿在整个设计中。这些车被设计成了一个被我称为高度情感化的造型，而且我深信这个造型是非常可取的。因此，一言蔽之，宝马的设计理念是要让我们做正宗的设计，这个设计必须传达出汽车功能，并能让消费者在驾驶着宝马时有一次完美体验。最近的一款量产车——全新宝马5系是这一设计理念的经典范例。

第二章

从草图到

展厅

伟大的表演技巧好比在真实与梦想之间走钢丝——两者任一方比重过大都会给观众带来厌倦和不信任感，从而增加他们疏离你的风险。当然，这句话也可以用来告诫汽车制造商们，他们在过去几年中滥用花哨的设计概念来掩饰让人失望的同质化产品，以此在车展中赢得他们的席位。

能否通过增加压力来让我们的每一次发展都物有所值——像奥迪这样的汽车制造商，并不是真正在做概念，他们只是要借助概念给他们试生产的车型一个很高的知名度，或是打一个概念的擦边球。即便如此，我们还是不断地看到越来越多的激动人心的概念产品在极短的时间内不受干扰地被创造出来。在这里，让我们追踪从绘图板到街道的7个重点车型，看看它们是如何在预算暴跌的情况下成功运行和应对严苛的安全法规，以及如何维护团队合作中所形成的完整性。它们中的每一款都是其设计者在视觉、技术和奉献精神上的完美贡献。

捷豹XJ

新款捷豹XJ并不是一款不拘一格的未来主义概念车，像一般人想象那样会在令人目不暇接的车展上被隆重推出，而后又以模糊的形态出现在大众的视野。它作为一款平淡的产品模型，它的外表十分温和，很适合保守人士的胃口。

在捷豹XJ推出的前一年，也就是2009年的夏天，设计总监伊恩·卡勒姆清楚地认识到XJ是一款无需冠以任何概念的名头便可直接投放市场的车型。因为2008年曾经推出的一款更小的XF量产车已经为之进行了充分的铺垫，卡勒姆解释说，XF以其独特的设计概念已经先声夺人，它的影响力在消费者心中经久不衰。

“随着年龄的增长，我变得更加老朽”，卡勒姆在XJ的发布会上谈论到XJ的造型时感慨道。自从William Lyons（威廉·里昂斯）于1968年创造了第一代XJ后，以后的很多代都几乎没能在它的基础上有所突破，因此在这次XJ的设计上，卡勒姆下定决心要有所突破。他提出了两点：首先，给向来没人敢动的神圣的捷豹图标换上一张新面孔；其次，这张新面孔是在以前的设计基础之上逐步形成的。

尽管XF已经标志着捷豹汽车设计进入了现代化，卡勒姆还希望XF和XJ能够蒸蒸日上并有更深远的影响。很显然，他希望这个设计能够实现彻底的现代化，他的设计团队不再是简单借鉴原来，而是将设计重点放在汽车的比例以及最原始的结构体系上，并将这些经验用于打造全新的、现代化的捷豹。

XJ最引人注目的地方就是采用了在视觉上有拉伸效果的侧窗，它从尾灯一角沿着腰线延伸到后轮毂的拱形边缘。“它看起来像一滴纯洁的泪珠，强劲的造型使它在视觉上显得更长”，卡勒姆说。的确，即使它的轴距更短了，它看起来还是那么修长而优雅。至于说到车身，它的后部悬臂很长，车顶细长而精致，在C柱采用釉面过渡，为后窗增加了视觉上的宽度。也许在一般人看来，XJ最大胆也饱受争议的设计就是简洁的行李舱盖的表面，它采用优美的条纹形直立尾灯作为框架，并且仅有跳跃前扑的捷豹雕塑作为装饰。卡勒姆在行李舱设计上再一次重申了形式上的设计。

捷豹董事总经理迈克·奥德里斯科尔重申金·梅斯（J Mays）的最大贡献在于福特前脸的设计，他坚持英国品牌的汽车在设计上除了作为一个交通工具之外，应该更重视汽车给人带来的愉悦感。XJ的外形流露出一股高贵的气质，而它的内部配备全国最先进的视听系统以及便捷的操作引导系统，由于新XJ杰出的功能，它无可争辩地成为车载娱乐的经典范例。

雪佛兰科迈罗

野马汽车造型重组的成功虽然使福特公司早两年便已经拉开了肌肉车设计的序幕，但是2006年在底特律揭幕的北美国际汽车展上，雪佛兰科迈罗和道奇挑战者概念车的精彩亮相使得这一年成为美国肌肉车走向世界的一个里程碑。

在这次车展揭幕前的几个月里，汽车发烧友博客上一直充斥着对即将亮相车型的种种揣测，仿佛所有的汽车爱好者都忙于用图片和设计软件来提出自己对未来小型车的设想。其结果，两辆官方车辆全都超过了人们的预期，尤其是科迈罗——一款融合了比例和图形元素，并且在**1969年标志性版本**第一代科迈罗的启发下又结合21世纪最前沿的表面处理技术的车。

这是所有汽车爱好者参与的为期七个月的一次设计盛

宴。一本汽车杂志提到，通用汽车的首席执行官里克·瓦戈纳提出的新一代科迈罗的设计概念，由于太忠实于原型，在最后关头被取消。随即，第二设计小组在新任命的全球设计的副总裁，艾德·威尔本的指导下，与现有的设计师一起着手起草工作，拿出更进一步的设计。两个杰出的设计对手——英国的西蒙·考克斯工作室和加利福尼亚州的弗兰克·绍塞多创建的西海岸高级设计团队，开始了新一轮的较量，要不是这样，我们可能永远不会知道科迈罗哪些部分的设计被削减了。

无论如何，科迈罗最终的设计不仅得到了普遍赞誉，更在推出的第二年，根据需要做了一些显著的改动，以满足大批量生产的要求。从表面看，2010年的科迈罗（上图）与之前06版概念车一模一样，只有经过最严密的检查，才能找出两者之间的区别。后翼子板上的进气孔因为空气动力学的原因已经被装饰缝所取代，后视镜扩大至更实用的尺寸；为符合法律的要求，侧面指示灯、倒车灯也已重新定位；前后保险杠的下部都巧妙地改型以优化气流，这就是科迈罗的“可乐瓶”式后身、前短后悬、肌肉发动机舱盖为特征的设计概念，是极其适合在展示厅里出现的那种类型（上图）。

虽然有几个花哨的驾驶舱细节已经被去掉，科迈罗设计**概念**的核心完整地应用在了**量产车**上。科迈罗有着很宽的仪表板（IP），而且对一辆运动型车来说它的仪表板显得异乎寻常的开放，内饰设计经理杰夫·帕金斯成功地创造出嵌入式双驱动的表盘、碟形方向盘及处在变速杆后方的，独有的（尽管不那么出彩）四个小型仪表，这些细节使设计研究人员联想到了20世纪60年代的审美，在设计概念和实施方面，科迈罗可以说是一部杰作。

雪铁龙毕加索C3

诞生于2004年，代号为A58的毕加索C3，它的设计与开发是在Carlo Bonzanigo（雪铁龙概念车设计主管）的指导下完成的。其目标是要把用在C-Sportlounge概念车上的这种最尖端的设计语言，运用在一款可以作为主流生产的旅行车上。在此过程中，Bonzanigo和他的团队创造了一款在内饰和外形上都完全颠覆了旅行车经济、小巧的传统样式的车型。

在Miles Nurnberger 和 Frederic Duvernier的领导下，设计师们以PSA集团传统的设计顺序——两周的设计草图拉开了毕加索C3外形设计的序幕，接着就是将初步设计素材转换成三维的计算机辅助设计以供整个团队来进行方案评估。其中的两个提案将用聚苯乙烯切削出1:1的模型，之后设计师们可以在模型的基础上完善体量和表面的处理，这一过程为几个月后向管理层汇报设计方案做足了铺垫。

这两个提案都要做成两厢车的轮廓，加上一个扁阔的、位置较高的发动机舱盖设计，这个设计让人联想到奥迪A2的发动机舱盖，还得再加上一个比传统的紧凑型旅行车更圆润的大后背。Duvemier最初的设计草图是以窗线在A柱与C柱之间下降作为设计特色的，这个设计元素原本是其中一个提案的设计特色，可是后来经过了调整之后，这个设计元素使得人的视觉一下子就跳到了后翼子板，这一视觉效果是通过肩线而不是玻璃窗线来实现的。这款车三个部位的风窗玻璃设计使得A柱可以回缩，从而最大限度地减少了驾驶人的盲点，这个设计后来成为毕加索C3最鲜明的特点之一。

为了最终的汽车表面的细化，一个1:1的黏土模型在

2005年的春天被制作出来。也就是在这一时刻，设计师们提出了一个复杂的三个层次的前脸形象，他们结合了一些先前雪铁龙展车探索出来的戏剧化元素，为毕加索C3设计了一个优良的、几乎可以说是友善的前脸。

Pascal Grappey 和 Andreas Stump领导了毕加索C3的内饰设计，他们曾提出过多元化主题的设计思想，内饰设计与外观设计是同步的，Stump的“歌剧院”式汽车的仪表板主题使设计进入了硬质模型阶段，他提出一个上口呈扇形打开并远离中心的汽车仪表板，在两个板之间形成了一个自然的凹陷，这使得仪表板的两个端面变得更加突出。在设计定案中，数字仪表板安装在中央，处在视平线上，位于上前围板的顶部，变速杆高高地坐落在一个简洁的、相对平整的中控台上。

在2006年6月进行内饰设计整改的时候，C3的内饰进行了更多的调整，最显著的变化就是斜面矩形的通风口代替了以前的圆形通风口，这样，做到了与外形的主题元素相呼应。

无论以任何标准来衡量，毕加索C3都是一个巨大的成功。结构紧凑、特色鲜明、用途极其广泛的它当之无愧地与DS和 2CV一起谱写在雪铁龙的历史华章中。

丰田iQ

日本的设计策略或许是最合适的，车辆设计的下一个发展方向应该是细微的精神化的体现。在外形上，丰田iQ在长宽上稍微比Smart For Two大一些，但是它占据的道路空间却小于3m。在这个长度以内（甚至比原来迷你的长度更短）丰田的设计和工程团队成功地创造了一个可以容纳三个大人和一个小孩（或行李）的空间，这个空间还顾及到了每款新车必须提供的安全气囊、可压缩区域以及行人撞击保护这些方面，这在汽车设计上真是一个壮举。

iQ的设计工作于2006年在丰田欧洲设计中心（ED2）展开。设计总监Wahei Hirai的设计概念是创造一个“动感而前沿的设计”，这个设计要打破长期以来汽车设计中要追求的目标，即“大小、功能、CO_2排放量”。这个计划的源头可以追溯到2004年，然而丰田欧洲设计中心首次尝试方形、“四轮四角”的微型车样式设计，是为了2005年在法兰克福车展亮相的远藤概念车。

丰田2007 iQ中不同寻常的侧面轮廓设计灵感来源于蝠魟（魔鬼鱼），特别不同寻常的是后窗玻璃的切割式波浪线条以及独特的贯穿于前后翼子板的弯曲风格线条。同时，该

车上占主导地位的几何线条从A柱的底部到外角部的保险杠处，这些几何线条经过两个前照灯在发动机舱盖处深深地相交，形成一个倒三角形。

这个生动的造型与独具风格的线条使得丰田iQ的生产有了一点难度，但是ED2仅仅在法兰克福设计研究半年之后，这款车的原型出现在2008年日内瓦车展上，原型上保留了这个设计概念中许多不同寻常的元素，这些出人意料的设计元素使它展现了一张比其他微型车对手更有怒视感的前脸。**高腰线、V形折痕**导致它有一个狭缝状的进气格栅，宽车身和“四角四轮”的形态使iQ的视觉尺寸与它的实际尺寸不太相符。

iQ的内饰设计从设计概念的提出到展车的研制成功，整个过程中没有丝毫的改动。它的雕刻艺术风格，受到魔鬼鱼外形的启发，仪表板沿着仪表组的顶部，像银色内衬的紫色丝绸折叠后形成了一个倒三角，这个三角是对车载娱乐资讯显示屏、空气调节控制系统进行中控的和谐空间。而且很有建筑学意义的**T形仪表板**结构得以保留，也是因为V形中控台在空间上的优势。

iQ最大的卖点应该是它开创性的**3+1式座椅**配置。事实上，这个设计曾出现在2004年的欧宝Trixx和菲亚特Trepiuno的设计理念上。但是丰田汽车是第一个将它引入展示车上的，这个设计概念能够得以实施，在很大程度上要归功于一系列工程技术创新。差速器和转向器的全新组合方式使前轮能够最大限度地被移动到车身外侧；一个超薄的、位于地板下的油箱与座椅设计的完美融合使后座空间达到最大高度；同时空气调节系统紧密地被置于垂直的中控台之内，这使得乘客侧部的仪表板可以向后推回几英寸。这款成功的车型给我们展示了一个极好的范例，只要设计师与工程师同心协力，他们为之奋斗的目标就一定能够实现。

大众尚酷

在现代人最青睐的轿跑车中，尚酷无疑占有牢固的一席之地，在它的成功面前，人们往往容易忘记它在最初设计制造时的艰辛。它的设计项目当时是由大众的设计总监Murat Gunak主持的，后来在2006年的巴黎车展上又用**IPOC**的命名正式推出。酷尚（上图）的设计理念是，它要成为具有时尚前景的实用型四座轿跑车，从而受到公众的欢迎。

然而，在接下来的一年里，由于Gunak的离开，前任座椅设计师Walter de' Silva有了大展拳脚的机会，酷尚量产车的设计也做了大幅度的调整。其中最明显的就是对前脸部分的调整。

它的**生产版本**于2008年日内瓦车展揭开面纱，前脸攻击性与其概念设计相比大为降低，在车辆设计中略显平庸。然而，导致前脸设计变化的原因却并不简单，远比单纯地去掉大众汽车的一个部分更加深刻。尚酷的几何形前端设计成果为大众汽车提供了一个崭新的面孔范例——这与de' Silva、大众波茨坦工作室负责人克劳斯·比肖夫以及大众汽车集团前创意总监弗拉维奥·曼佐尼三个人之间的合作

是息息相关的。

轻微拉直的两个前照灯由一个狭窄的进气格栅连接起来，这一设计元素后来经过改变后应用于新一代的Golf 和Polo，但是现在看来在将这个设计元素推向巅峰的是2009年在底特律展示的量产版BlueSport敞篷概念车。另一个由尚酷开创，并注定会运用在其他车型的主题元素是前照灯与尾灯所共有的，它们分别都有一条贯穿的水平线（前面是进气口栅格，后面是尾门切断线），同时挡泥板向外隆起。

余下的外观造型设计是在外观设计总监Mark Lichte指导下完成的，这部分设计将以前的设计理念毫无改动地延续了下来。扁平的汽车风窗玻璃和宽阔的车身回溯到1974年乔治亚罗最初的设计风格，同时硬朗的肩线平滑地从前照灯贯穿到尾灯，驾驶舱侧部的玻璃在向后延伸的同时逐渐变尖细，形成了一个非常显著的侧壁内倾式造型——这一特征长久以来都被用来传达力量感和攻击性。

Ulrich Lammel的IROC概念车（尚酷的前身）的部分内饰设计（左下）在尚酷的成品上也有所体现（右下）。非常夸张的几何形内饰设计概念应用在了三角形的门手柄和中控台的侧部。同时，这款车的低座椅配置以及支柱框式的风窗玻璃强化了你在一个运动型跑车里的感觉。它直接取自Eos的仪表板设计和帕萨特CC的座椅设计。都以它们固有的方式完美地呈现出来，可是或许正因为这样的继承，使大众也失去了一个在最前沿内饰设计中重塑自己先锋地位的机会。

日产Juke

2006年，日产这个品牌重新成为万人瞩目的焦点，它在英国的工厂拼命地生产，以保证有足够的汽车来满足市场需求，这是日产公司在汽车销售市场上创造的一个奇迹。日产为它的新车取名为逍客，这是个精巧而富有想象力的名字，逍客在设计上部分借鉴了2004年逍客概念车的设计理念，这个理念赋予逍客显著的个性，使它成为像高尔夫这种同级别车中一个强有力的竞争对手。设计者赋予逍客一个高姿态和四轮驱动系统，在低价位及合理运行成本条件下，逍客拥有一个适合城市的四驱系统。日产通过卓越的性价比来提升竞争力，确保自身主流公司的地位，以保证自己的利润空间。它还有意塑造旗下车型的优越形象以吸引那些本来会购买福特福克斯或欧宝雅特的消费者。

价格博弈是一场赌博，但是日产却以旗下的逍客获得了巨大的成功。此后日产公司意识到他们还可以在一款稍小的B级车上进行一个类似的动力提升，以此获益。在汽车的低价高能设计方面，日本的Micra，廉价的掀背车曾在销售市场落败。然而，总部位于伦敦的日产欧洲设计中心前任副总裁 Alfonso Albaisa仍然要大胆地运用这个方法，要创立一款名为Juke的新型车，他说道：“我希望Juke是一个阳刚而敏捷的形象，在B级车中非常的特立独行，但Juke绝不是B级车中的叛逆者，只是为了吸引更广泛的客户，它被设计得不像逍客那样“规矩”。

在2006年，Juke开始设计时，它原本是要设计成运动、硬朗、漂亮的车型，后来漂亮这个标准被取消了。设计团队计划在四年后，也就是在2010年9月的车展上让Juke闪亮登场。日产设计中心的几个设计团队开始了草图设计，很快，一个草图方案诞生了，这款车被定位为大部分人都能支付的代步工具。这个定位的出发点是以人为本，并不是在意车的属性例如车宽什么的。随着Matt Weaver被日产在英国伦敦成立的欧洲设中心任命为首席设计师，一个生动而小巧的车型就开始紧锣密鼓地进行研发了，这款车拥有相对较大的车轮和轮罩拱，高大的体型，具有表现力。还有拉力赛车风格的射灯和一个在发动机舱盖上延伸开来的独特的高载头灯。

Albaisa说到，“车门之间的区域我们都进行了内凹处理，这样车轮能显得更霸气”。与此同时，Patrick Reimer也在领导着一项内饰设计上的革新，雕刻感十足的内饰处理、摩托车油箱式的中控台以及鳍状肢式的门框压条，这些元素使得这款车越野感十足。

Juke代表了消费风格的一个重要飞跃，在2009年的日内瓦车展上，Juke的设计师们将他们的部分设计以一款概念车的形式进行了预演。这款概念车在车展开始前被命名为Qazana——它令在场的观众和评论家目瞪口呆，并被认为是一个大胆而且振奋人心的设计。

“这款展车的主旨是展示概念而不是展示细节，”Albaisa说，“我们要展示的不是诸如尺寸或者空间这样的细节，而是这款车所包含的所有最核心设计元素。”

正如Albaisa预期的那样，凭借巨大的19in（1in=25.4mm）轮毂和车身上为摄影师们提供清晰视角来观看内室的敞开的大门，Qazana的霸气让人难以忘怀。反馈的结果使Albaisa很宽慰：“Qazana的内部及外观设计都得到了极大的认可，所以后来的量产车的设计上没有进行一点改动。有点讽刺的是，这款展车居然是边展示边测试的，事先并没有完全准备好。

几乎没人相信日产能够把Qazana上展示出的另类的设计概念实现量产化。可是Juke实现了Qazana量产化的梦想。Juke完整地保留了Qazana另类的比例与冷酷的都市时尚概念，只是弱化了一些过度花哨的细节设计，这显示了日产公司高层管理者对设计师的信任。

Juke的设计最终颠覆了日产谨慎的品牌形象。“这款车能让那些原本不关注Juke的人也眼前一亮。” Albaisa自信地补充道。

第三章

内饰

进入21世纪后，随着客户对于汽车设计的要求越来越苛刻，汽车设计公司开始集体意识到内饰设计的重要性。可是从廉价的塑料驾驶舱到现在，我们的内饰设计到底有了多大的发展呢？

看起来，现在距离那个内饰设计的黑暗年代已经相当遥远了。不同领域的融合必然形成一个稳定的交流平台，比如：建筑设计、时装设计以及产品设计，这个交流平台使得汽车设计加快了转变的步伐。汽车设计师也肯定了现在各种展览会上展出的新、奇、特产品对汽车设计产生的冲击，大到米兰家具展和东京100%设计展，小到人们口袋中随身携带的用于听音乐和打电话的小器件，它们都潜移默化地改变着汽车的设计。逐渐地，汽车变成了人们日常生活中必不可少的日用品。

内饰设计的转变牵涉到的也不仅仅是异国情调的名牌轿车或者奢华的大型游览车。所有的主流生产商们都酝酿着自己旗下汽车内饰设计的变革。现在，各个品牌的小型汽常被推出，用于证明自己品牌拥有非常先进的内饰设计。在

没有财政危机的情况下，提升内饰设计品质是敦促生产商们去开发新材料的动力，像十年前人们难以想象亮漆和亚光工艺，现在在汽车上已经是再平常不过的了。

并且，伴随着混合动力以及插电式油电混合动力系统技术的问世，设计师们也必须改变汽车内饰设计的常规。现在，汽车的座舱远不是那个最不受重视的空间了，它是一个全新的平台，这个平台是设计师们探索新的组合方案、美学的平台，这个平台会使坐在里面的人心情愉悦。在整个汽车设计中，探索内饰设计是最有前景的。

雪铁龙Hypnos

当历史学家回顾雪铁龙悠久而辉煌的发展史的时候，他会发现2008年的巴黎车展或许是雪铁龙近几年来最光辉的时刻，雪铁龙推出了一款与GT风格一致的概念车Hypnos，这是完全虚拟的概念设计，更为新颖的是，它是为一款视频游戏特别制作的。在这次车展上，雪铁龙公司还推出了改版的毕加索C3紧凑型多功能休旅车，在毕加索C3时尚外形的光环下，更传统的普诺斯设计概念风格在一开始并没有得到很大的重视。但是，就在Hypnos谷仓式车门开启的一瞬间，它梦幻般的内饰在彩虹光带的照耀下如同北极光一般照亮全场，使在场的观众几乎忘记了自己置身车展当中。

Hypnos的内饰设计主要是以三维螺旋式为焦点的探索。仪表板从左侧开始，向上折叠出一个菱形的凹槽，宝石质感的组合仪表被放置在凹槽中，仪表板的折叠一直贯穿到车的右门的位置，在那里有一个较低的仪表板。然后仪表板从这里向着整个座舱的中心延伸出一个涡轮状圆柱形，在形成不对称、交错排列的座椅时圆柱呈扇形展开。从中心展开的座椅像一朵花的花瓣，这些花瓣为四位乘客都创造了私人空间，同时还有来自彩色皮革面板以及顶置投影仪五彩缤纷的渐变灯光效果。

Hypnos的另一个主题是角柱，这个启发来源于巴黎设计的雪铁龙C42。它出现在仪表板、座椅、控制面板、车门甚至行李舱上。Hypnos的内部空间融合了艺术、雕刻及梦幻，它将汽车内饰设计带入一个完全出人意料但却具有高度说服力的方向上来。

菲亚特500

如果要找一款能够代言近期菲亚特转型的车型，那一定是菲亚特500——社会上流行的一款新型车，它的前身是Trepiuno概念车，于2004年（许多权威人士曾预言意大利的汽车生产商将破产倒闭的那一年）的日内瓦车展展出，当时就受到了众人的追捧，它的量产车在三年后面世，推出后它立即成为1957年意大利本土魅力的代表作品。菲亚特500是那种小巧可爱、善解人意的汽车，混合着复古的触感元素，它的设计灵感来自产品设计。

在菲亚特设计总监Roberto Giolito的带领下，菲亚特500仅用了17个月的时间就开发了出来（Trepiuno也是这一团队的作品），菲亚特500与此前的MINI一样，它用一个较大的模拟拨号盘来呈现正在显示的信息，比如速度、转速以及行程，它的安放位置照惯例处于方向盘后面，而不在仪表板中央。出于对原版菲亚特500的尊重，与原版颜色完全相同的金属效果的面板被用在了新版菲亚特500上，作为位置较低的仪表板的外壳，同时，新版菲亚特500还有胶木风格的空气调节系统、下方的立体声控制系统，这些细节使得这款车具有高品质和良好的触觉感受。

菲亚特500的另一个独特之处就是在汽车四个座椅顶部的圆盘形头枕，它在视觉上以优美的色彩和排列方式让人侧目——虽然很多细节在其他的汽车制造商看来是过分的装饰，可用在菲亚特500的车身上，这些细节却恰如其分地衬托出了它俏皮的形象。更难能可贵的是，消费者可以像更换诺基亚手机的外壳一样，选择众多的颜色方案来装饰爱车以突显自己的个性。菲亚特500为有不同喜好的消费者提供四个整齐的色阶和15个室内装饰的选择。

多年以来，制造商们习惯使用灰暗色调来装备自己旗下小型车的内饰，他们并不认为精工细琢的内饰设计能像车外部的大尺寸那样，让汽车在价格上占任何优势。但是像菲亚特500这样的车型，让汽车制造商意识到，在年轻的，尤其是女性消费者眼中，汽车的尺寸与它的质量无关。

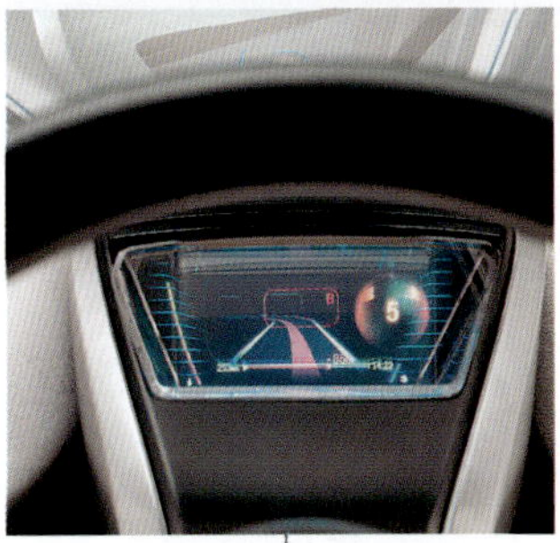

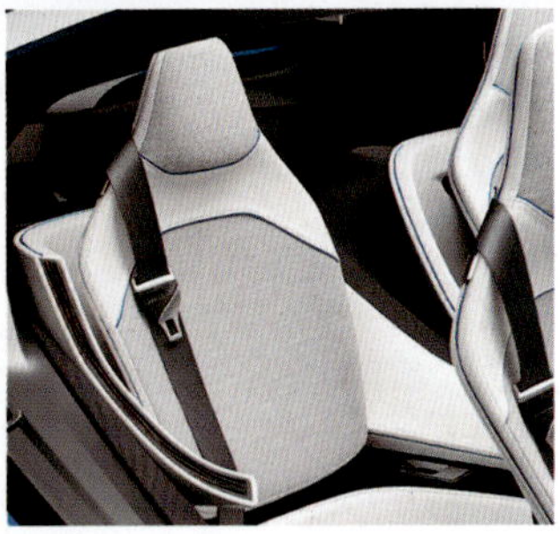

宝马Vision EfficientDynamics

与科技相比，设计的发展步伐往往要滞后一些，可是，iPod的发明，使得我们可以随心所欲地将喜欢的任何音乐直接塞进我们的衣兜。它让我们坚定了将设计科技型汽车的愿望进行到底。

在2009年法兰克福车展上我们见到了车载的ipod——或者至少是一个非常有说服力的设计蓝图。Efficient Dynamics的设计概念有一部分源于设计总监Adrian van Hooydonk的意愿，他的团队希望以实物来传达宝马的“轻巧、高效”的设计理念。最终，他们出色的设计成果超越了最初的宏伟目标，向世人呈现了一个有整体性的、精悍的运动跑车，尤其可贵的是，这款跑车在各个层面都采用了可持续性的设计概念。

在设计程序开始之前，内饰设计总监Marc Girard（马克·吉拉德）强烈要求他的设计团队抛开传统汽车设计原则的束缚，尽情去尝试流体雕刻、喷漆以及面料与金属的折叠加工这些新工艺。正是他的这一要求，让宝马Vision EfficientDynamics拥有了独特的风格——雕刻和层次。这款车创造了一个充分展现汽车结构的艺术形式，在它的设计过程中达到了绝对重量的最小化。

宝马Vision Efficient Dynamics的仪表板固定在花蕊形状的集成转向柱的两边，这个仪表板被分为上下两层以突出周围的空间。下层折叠迂回，形成车门扶手，而其余部分则沿着门的顶部和浮动后座椅的背后延伸，与之前的折叠保持一致，在其回向延伸时，巧妙地形成了一个“脊梁”，为中央电池提供了一个“保护罩”，这条脊梁也是内饰的中心分界线。据汽车设计师透露，宝马Vision EfficientDynamics所拥有的这个看似单薄的芳纶（一种质地牢固重量轻的合成纤维）复合材料座椅绝不比宝马7系的座椅逊色。

除了乘坐的舒适性以及完美的外形之外，EfficientDynamics身上所具有的轻质、流线形、快速以及洁净的特质使它成为了可持续型设计与科技融合的典范。

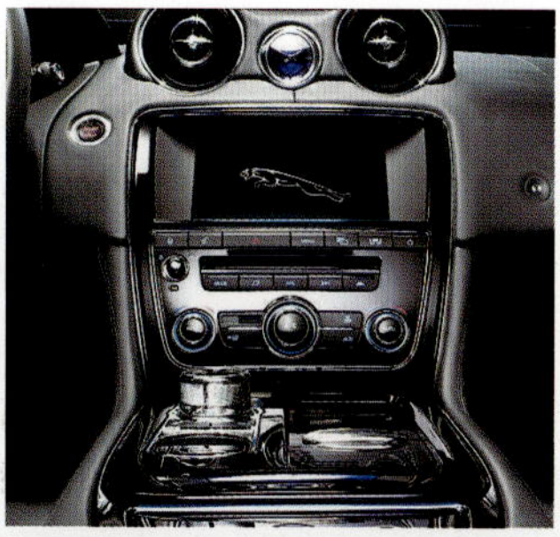

捷豹XJ

当2010款XJ的外观设计还饱受争议的时候（因为它挣脱了标志性的1968款车型，成为第一款四门捷豹XJ），这款车的内饰设计已经处于精益求精的阶段，以达到高级汽车设计的期望。由内饰设计总监Mark Philips（马克·菲利普斯）所引导，XJ的内饰将奢靡的英伦风格概念引入了21世纪的汽车设计。

捷豹XJ从门内装饰板上方开始，采用了一堵呈弧形延伸的贴面“幕墙”，将锃亮、低矮的仪表板（甚至比XK的轿跑更低）在视觉上和风窗玻璃分离，创造了一个既宽敞又亲切的内部环境。这与捷豹的历史有千丝万缕的联系——一时钟控制面板位于前方正中，双眼球状的通风孔就在它的两侧，当您身处其中时，您能感到坐在休闲躺椅里不可抗拒的舒适感。在概念车中看到这种设计的出现（比如捷豹所拥有的RD6）是很平常的，但真正出现在量产车上，捷豹XJ是第一次。Mark Philips（马克·菲利普斯）还将爱马仕、卡地亚以及萨维尔街这些著名品牌的设计作品作为XJ的色彩与装饰的灵感来源。

XJ的内部还是一个真正意义的剧场。它融入了XK的内饰设计：衍生出的新兴圆形变速器控制台，像是在创造一个“虚拟的”仪表显示界面的感觉，从中可以看到一个生动跳跃的美洲豹的图像，这个图像在起动时变换成驾驶人起动的操作界面。中控台也堪称一件工艺品，包裹着的变速杆，一个格调高雅的触摸屏，修长的空气调节系统控制界面，以及从Loewe（洛艾维）的液晶电视中受到启发而创作的拉丝金属环绕效果。

如果说汽车设计与产品设计时尚的融合已经成为现代内饰设计的制胜法宝，那么捷豹当之无愧已成为其中的佼佼者。

奥迪R8

奥迪R8的早期开发走得非常艰难，据报道，它的概念车Quattro Spyde于1991年面世，当时担任CEO的Ferdinand Piech（费迪南·皮耶）为了避免它与旗下挚爱的保时捷品牌竞争而扼杀了它的设计方案。终于，2002年Piech离任后这个项目又立即重新启动，这一次研发，它被冠以勒芒概念，充满了溢美之词，研发工作在拥有中置发动机的跑车兰博基尼Gallardo的ASF（铝空间框架结构）平台的基础上很快展开了。

作为万众瞩目的、出现在2000年巴黎车展的量产车，它所拥有的类似于一种改进的盖拉多高档的TT内饰，后来被证明是非常错误的。平底的方向盘和仅仅位于变速杆之前一点的三按钮式温度控制系统这两样元素已经成为我们所熟知的奥迪元素——正如将品牌的梯形格栅旋转90°来形成中控台的基座的概念，这一主题首先是在奥迪A6上开发出来的。就运动跑车设计而言，R8在跑车中算得上是名符其实的第一名。

它的内饰里有一个类似仪表保护罩的装置，它沿着仪表板箱盖的弧线向下延伸到车门，扭曲形的扶手下方是与众不同的奥迪规格的雕刻状工艺，它特有的亲切感恰好弥补了汽车表面和原材料之间的不和谐。内饰的每一英寸都被精细地布置过，同时，常用的铝材装饰在这款车的内饰中变成了碳和漆饰面，很好地呼应了外侧叶片和油漆的视觉反差。

这款车的内饰设计包含了椭圆的眼球形控制系统、圆柱状的变速杆以及蝙蝠侠式的分段桶装座椅，所有的界面外观都无与伦比。可以说，除了奥迪R8之外，从未有过那个设计能如此成功地结合异国情调与人体工程学。

R8

第四章

概念车

概念车就像划过汽车历史长河的一颗明亮的流星。它们曾在汽车发展史上留下了浓墨重彩的一笔，但是之后就变得黯然失色，最终也难逃被人遗忘的梦魇。然而在那短暂的辉煌中，它们的亮相曾惊艳四座，同时也让人们深受鼓舞。

概念车往往是昙花一现，而汽车制造商往往要耗费数年甚至是几十年的时间去研发它。然而在公众看来，它们的生命周期也就几天或者是几周。尽管它们承载了制造商成千上万的财力与物力的投入，但是它们还是在名噪一时后就很快被人们所遗忘。的确，除了汽车发烧友，还有谁会记得像Metisse、losis、Napta、Eclectic或是IROC这样的概念车呢？与概念车相比，像R8（奥迪R8）、C4 Picasso（毕加索C4）、Qashqai（逍客）以及Auris（丰田Auris）这样的畅销量产车型更容易在人们的记忆中打下烙印。这九款车同样都是在2006年巴黎车展上亮相的新车型，而且是随机挑选出来的，为什么会存在这种差异呢？答案就是后面的四款为量产车，而不是概念车。与前五款概念车不一样，这四款量产车并没有销声匿迹，而是被人们铭记于心。

当然，这些精明的汽车制造商不可能挥金如土，无缘无故地将金钱浪费在概念车的研发上。那么，我们就会自然而然地有了一个疑问：这些制造商在“朝生暮死”或者说是为了在短短几周舞台效果的概念车上砸进上百万资金的用意是什么呢？汽车生产商为什么要研发概念车呢？虽然不同的制造商的答案可能也不尽相同。但是，无论你称它为概念车、原型车、设计实验，还是研究模型，它们的回答都包含了一个共同点：那就是汽车制造商都会对它进行大肆的宣传。我想，这就是对他们的目的最好的诠释。概念车项目蕴含了这个公司未来的经营策略或者是发展规划，它也是公司未来市场方向的指路标，它也可能让你预览到未来汽车的设计元素或者是科技发展趋势。比如，雷诺汽车在2009年的法兰克福车展上至少有四款概念车是电动汽车方向的（包括Zoe ZE，见上图）。这使观察家坚定地认为：无论如何，雷诺-日产联盟在未来拓展零排放交通工具市场的意图已经昭然若揭。

无论汽车制造商研发概念车是出于何种目的，但可以肯定的是，概念车的背后所暗藏的战略蓝图肯定要比表象所看到的要多得多。例如，雷诺就不仅运用了概念车的外在作用，也运用了它的内在功能。它不仅是一个具有视觉冲击力的设计，而且提升了汽车品牌的形象。更重要的是，它也为公司的设计师，特别是年轻的设计师在发挥创造性与创新性上提供了舞台，这有助于提升公司员工的斗志。雷诺公司的战略核心是得到大量的设计研究成果，探索新的设计领域，同时提出新的设计概念。

自1987年起，雷诺前任设计总监Patrick le Quement就开始掌舵雷诺，并一直持续了20余载。他曾规划了雷诺汽车的车型和品牌价值的核心。他说：“自1988年设计的概念车发挥了重要作用之后，我们就非常重视概念车的设计。我将概念车的设计视为加快设计革新的一个重要手段。这就是我们要尝试使它们免受诸如制定的章程、规格以及法规等外部因素制约的原因。概念车的灵感为以后的设计指引了方向。设计师同样也能从设计量产车的压力中解脱出来，因为他们可以天马行空地自由发挥。因此，我们要尽量将设计方向定位的超前一些。”

全方位提升士气是标致雪铁龙集团设计战略中最重要的组成部分之一。正如标致雪铁龙设计总监Jean-Pierre Ploue在本书编者的一次采访中解释道：“我们在概念车上投入了很多精力，而概念车反过来也为量产车指引了设计方向。概念车项目周期短、实用性强。它的设计过程拥有更多的自由性和更少的约束，所以它有助于提升整个设计团队的士气。”

Ploue说：“直到千年跨越之际，量产车才放弃了延续多年保守的刻板的公式化设计，踏上了变革的步伐。一大批富有创造力的概念设计在21世纪初开始迸发出来。它们的出现使雪铁龙汽车的设计师重新回到原点去接触公司的文化，并增强他们的自信心以及培养他们积极乐观的精神。”同时他也补充道：概念设计所产生的正能量在最近上市的汽车上就有所体现。

概念车另一个更具有商业性的战略目的则是将最先进的科技与最完美的设计呈献给观众，并使他们能够沉醉其中，这样他们在选购汽车时会毫不犹豫地购买这个品牌的汽车。如此一来，就有效地巩固了自己的市场份额。比如奥迪2006年R8超级跑车的设计灵感就来源于2003年的La Mans概念车。La Mans概念车给超级运动跑车买家传达出一个信息：不要去购买保时捷汽车。无独有偶，奥迪为了争取利益再次使出了这一招。在三年前亮相的2007款Metroproject quattro概念车就是为了让人们能够大饱眼福，提前预览2010款的A1微型车。虽然奥迪没有紧凑型轿车，但是只要客户不打算购买Mini或者阿尔法 Mito，这款概念车足以让购买者对奥迪其他同类型的车感兴趣。

尽管捷豹的处境令人堪忧，但是它也用类似的方法成功地操控了公众舆论并实现了逆转。2005年和2006年是捷豹品牌的痛苦时期。当时，销售业绩每况愈下，而且长期没有推出任何有代表性的新车型，可以说捷豹的前景布满了阴霾。这个公司需要提出一个化解危机的方法使投资者得到安抚。同时也要让购买者知道，捷豹正在酝酿的新车型一定会使他们满意。最终捷豹将赌注压在了疯狂的C-XF概念车上。让人欣慰的是，在2007年底特律车展上亮相的C-XF备受瞩目。由于前期对这款概念车铺天盖地的宣传，在随后一年量产的XF轿车刚一下线就旗开得胜。

捷豹的姊妹品牌路虎则是一个将概念车实现战略性运用的典范。路虎就经常利用概念车将公众舆论引导到对自己有利的方向上来。在此之前，路虎在开发一款量产车之前几乎不会推出一个对应的概念车。然而，路虎却在2008年推出了LRX概念车。它是紧凑、高效节能型的SUV的先驱，LRX展现出来的仍然是一款高配置的豪华汽车。当时正处在石油价格不断冲高以及众人指责路虎SUV都是一些高耗油、高污染的庞然大物的社会背景之下。LRX的亮相，不仅传达出路虎将要开拓新市场的意图，而且也给予哪些批评路虎的人一个有力的的回击。四年前，一个被称为Range Stormer的概念车横空出世，并受到了狂热的追捧。它是一个更霸气的路虎揽胜车型，也是路虎品牌有史以来第一辆概念车。与之相对应的量产车型Range Rover Sport（揽胜运动版）随后就问世了，它成为路虎公司历史上利润最丰厚的车型。

Range Stormer这个例子也让我们明白了概念车的另一个最重要目的：市场试探。Range Stormer的使命是去试探消费者对运动型Range Rover的态度。真是不负众望，消费者对这样的设计给予了高度的肯定。其他汽车品牌所推出的概念车也或多或少地对消费者进行了不同的试探，有的甚至试探的是一些意义深远的问题。最近的一个实例就是在2009年日内瓦车展上亮相的Infiniti Essence概念车。这个精致而豪华的设计有效地吸引了公众的眼球，并使他们对日产汽车公司拥有生产出一款与阿斯顿马丁同样优雅的顶级奢华GT运动跑车的能力深信不疑。而在此之前，与丰田汽车不相上下的雷克萨斯品牌也曾利用LF-A系列概念车对完全相同的问题进行了试探。最终，LF-A型的超级跑车进行了限量生产。

随着2009年大众的一款紧凑型的发动机中置双座运动型敞篷跑车BlueSport的亮相，潜在的问题也接踵而至——

它能否使大众在准高档的运动跑车市场中成为一个强势的竞争者。在2009年日内瓦车展上，日产也展示了**Qazana的原型车**，日产以相同的方式去评估公众的反应。这款车是专为年轻人设计的，它不仅对这款融合了紧凑型车身、激进主义思想和都市化风格的概念进行了市场评估，而且对日产发展成一个年轻时尚的品牌的潜力进行了论证。

对一款概念车来说，它更重要的作用就是能够通过公众的反应来帮助汽车制造商进行合理的评估。比如，按部就班地进军一个新市场的战略对这个品牌来说是否正确，或者它是否会被外界视为用过分的扩张来树立品牌效应，这些都需要经过科学的论证。标致的RCZ概念车（下一页底部）在2008年也进行了同样的试探。它的使命是论证法国的汽车公司所生产的具有挑逗风格的轿跑车能否成为奥迪TT（它的前身是概念车）强有力的竞争者。奥迪TT是奥迪品牌高档运动型轿跑车的标志。由于RCZ概念车得到了积极的回应，所以RCZ在两年后就实现了量产化。

多年以来，很多抛砖引玉式的试探一直在进行中。有一些品牌甚至已经不是简单的试探一个设计概念了，而是尝试探索整个品牌的定位。然而，这样的探索并不是每次都能如愿以偿，特别是涉及高度概念式的超级奢华品牌的时候。阿斯顿马丁

RENAULT

的豪华运动型轿车曾凭借其无可挑剔的设计而享誉全球。沉默已久的Lagonda豪华跑车曾经以其悠久的历史和典雅的气质而使贵族和富人为之倾倒。所以，它希望用概念车试探的方式来使Lagonda车型卷土重来。事实证明是成功的，2009年3月最新出炉的Lagonda概念车在日内瓦车展上亮相。它被认为是一个大胆而富有风度的运动型汽车。设计师们也在保留的基础上尽可能地摒弃阿斯顿马丁的传统设计元素而去创新。

当一个汽车制造商准备对汽车风格进行一次重大调整或者实施一个能撼动行业现状的举措之前，它们首先往往会仔细斟酌，然后再推出一个有针对性的概念车。这样不仅能够逐步改变消费者的认知，而且能够有效地促进消费者接受这个新思想。同时也使人们对新思潮抱有更多容忍的态度。最突出的事例就是2009年雷诺向电动汽车领域转变的事件。对汽车制造商来说，这是一个公平的博弈平台。当人们对当代主流电动车的外观以及感觉几乎都没有什么明确的概念时，雷诺在2009年的法兰克福车展上率先公布了Fluence、Twizy、Kangoa以及Zoe四款电动概念车。雷诺声称这些概念车的原型车与量产车的样式相差无几。

有了这样的保障，以前很多持观望态度的消费者经过

慎重的考虑之后，可能会下定决心购买一款电动汽车。相比之下，标致在宣传这款都市化的电动四座车BB1（见61页）上则显得有些力不从心。就尺寸而言，BB1是一款界于两个踏板车与紧凑型汽车之间的概念车。若不是推出了这款概念车，很难想象标致公司将如何阐述它的设计理念。

历史上曾经涌现出无数个用概念车来宣传变革性产品的案例。这其实就和提前放映一部新电影预告片一样。在今天这个时代，很难想象如果没有这些具有实践性和对流行趋势有敏锐洞察力的革命性概念车，我们的生活将会是什么样子。而在20世纪90年代初期，这些概念车代表的却是振奋人心的创新思想。其中，最好的一个事例就是雷诺Scenic。在1991年亮相的一款Espace中型版的Scenic概念车首次提出了多用途厢式车的概念。Scenic不仅绚丽多彩而且拥有惊人的运载能力。它使雷诺比其他制造商几乎提前十年在欧洲开辟大型多用途厢式车市场。多功能而富有创新性的概念车设计获得了普遍的认可。虽然1997年主流款Megane的风格与展出的Scenic样车截然不同，但是仍然可以看出它的部分线条与Scenic概念车如出一辙。假如当时评论员以及大众对这个设计概念反应冷淡，那么雷诺可能就会慎重考虑是否将其批量化生产。但是由于大众积极的回应，这个公司的自信心得到了大幅的增强， Scenic车型也获得了举世瞩目的成就。经济上的复苏不仅使雷诺重新屹立于大型汽车制造商之林，而且迫使其他制造商仓促地上马研发项目，开发出能与之分庭抗礼的车型。

在国际盛会上亮相的概念车所隐含的信息并不是每次都能准确地被观察家甚至是专家捕捉到。设计师和管理者经常用概念车来试验最新的设计概念。比如，神似雄狮大嘴的标致格栅以及我们已经习以为常的奥迪大矩形进气口。雪铁龙在2000年任命Jean-Pierre Ploue为设计总监之后，它的创造性活动全面开花。对雪铁龙来说，这绝非是简单的对结构、科技以及像双层V形进气口格栅这样的细节设计的实验。

他解释说：“以Hypnos为例[2008年巴黎车展上亮相]，我们提出了一个全新的设计概念——体型庞大的

crossover 型SUV。但是，这并不意味着我们一定会把这款汽车量产化。甚至，最后量产的可能是其他的车型，也可能是一款四门轿车。内饰设计也是一个非常重要的变数。我们想让Hypnos呈现雪铁龙汽车上的新一代设计语言。我们更多的是去宣传新的设计概念，而不是汽车本身。”

PSA集团设计总监传达的信息是明确的：这款概念车上复杂而圆滑的曲线将成为未来雪铁龙汽车外形的灵感源泉。Hypnos的内饰设计采用了彩虹状的色彩以及大胆的螺旋式造型，它使Hypnos内饰的设计境界更上一层楼。然而，雪铁龙并没有将这个特别的内饰设计运用到量产车上，也没有将它用在12个月后亮相的Revolte概念车上。但是，这并不意味着这个设计毫无价值。如果说哪一款车在内饰和外观设计上都有高度创新时，毫无疑问，冠军非雪铁龙莫属。

法国、意大利以及经常提到的英国和美国的汽车设计研究往往倾向于汽车风格、汽车结构或者汽车功能上的创新。而德国和日本的汽车制造商则经常将他们的创新点放在提升汽车内部组件的科技水平上。然而，鱼和熊掌不可兼

得，这样往往会使美学上有所欠缺。梅德赛斯–奔驰就是一个相当典范。2007年法兰克福车展F700一经亮相就好评如潮，它被认为是下一代S系豪华轿车旗舰版的宏伟蓝图的缔造者。然而，如果用传统美学标准来衡量的话，F700的外观几乎不值一提。因为它不同凡响的影响力很大程度上要归功于先进的工作平台以及一反传统的造型。奔驰推测，如果要让人们对内饰风格中的创新心悦诚服地认可的话，这将是一个漫长的过程。因为未来的消费者可能需要很长的时间去接受并理解那些高科技设计概念。比如具有前瞻性的无线探测技术，它能够通过地面扫描来探测出路况，并根据路况自动调节合适的悬架高度。

这样的情况同样在2009年1月所展示的一款更小型的概念车——Blue Zero上也出现了。它的车身造型平淡无奇，内饰设计也是中规中矩的。它的特别之处就在于它将一个性能优越的蓄电池发动机嵌在"三明治"车身结构的底盘上。它就能够在纯电池电源、拥有涡轮增压发动机的插电式油电混合系统以及完全实现零排放的氢燃料电池中任意选择一个动力系统。最重要的还是这款概念车的硬件设施和应用程序都是通用的，因此它能够同时搭载三种不同形式的动力系统。这样就自然而然降低了下一代汽车动力系统的生产成本。然而，由于它的外观没有足够的吸引力，它很容易被参观者忽视。

雪铁龙在1996年推出的**C-Cactus概念车**为法国的汽车设计带来了新的思想浪潮。它的使命并不是最大限度地探索前卫风格的外观造型或是未来主义风格的内饰，而是利用设计师与工程师的创造力去打造出一款高效节能的中型家用掀背车。当然，成本花费也要与现有的车型大致相同。为了达到这个目的，他们大幅地精简车身和内饰的设计，减少了零件的数量，并降低了加工工艺的复杂程度。比如，一体式的仪表板、镶嵌式的车窗以及最简结构的车门。雪铁龙公司表示，节省出的几千欧元足以使它搭载柴油机–电动混合动力系统。虽然它的配置变高了，但是它的价格却和同级别汽车一样，真正做到了物美价廉。

正如PSA集团设计总监Jean–Pierre Ploue所说，这个概念车并不是在纸上谈兵或者设计美学的指导下诞生的。而是来源于整个设计团队所开创的删繁就简以及功能整合的设计哲学。的确，它在展厅的聚光灯下像是非常不安，凸出的进气口格栅，笨拙的前照灯以及庞大的后悬，其貌不扬的外形可能也不会吸引穿梭于雪铁龙汽车展台前的参观者的眼

球。要不是因为专业人士的慧眼，它可能永无出头之日。如果用传统价值观来衡量的话，它并没有什么吸引力，但是这个开创性的设计理念却值得每个人深思。

如果说雪铁龙的Hypnos概念车让人们见识了一个全新的造型，那么C-Cactus则巧妙地开创了极简抽象艺术派风格，而奔驰F700则开创了截然相反的写实风格，雷诺的Zoe和Twizy则首次诠释了电动时代。然而，概念车远非成果展示这么简单。作为一款概念车，它的科技含量和设计创新都要做到首屈一指。因为它是探索未来交通工具形式征程上的又一次里程碑意义的尝试。而宝马在2009年推出了Vision EfficientDynamics才能算得上是一款严格意义上的概念车。从它生动形象而且无可挑剔的外形中就能看到未来高性能跑车的影子。宝马不仅在生产更小型、更廉价的汽车上积累了经验，而且也探索出了一个新的标志性元素。然而就其本身而言，Vision EfflcientDynamics是宝马新任设计总监Adrian van Hooydonk首次向外界展现他的设计风格，也像是宝马工程师团队进行的一次高科技展览。

在这里，我们只看到了众多优秀作品的冰山一角。因为光是近三年发布的概念车就不胜枚举，即使用整本书去点评也无法面面俱到。然而，历史上的一些重要事件也是必备的常识。比如，当马自达流动式风格设计研究所发布了动力学研究成果时，就暗示着马自达公司肯定将会推出有突破性进展的车型；韩国起亚与现代汽车公司富有想象力的新概念车型的问世；克莱斯勒-吉普的设计师丰富多产的设计概念使它从财政危机的噩梦中挣脱出来；恰逢克莱斯勒公司新任设计总监走马上任时，菲亚特公司灵感突现，并展示了杰出的EcoBasic与Trepiuno概念车，使人们预览到了获得巨大成功的菲亚特500的前身。而对于处于挣扎中的瑞典萨博公司（如今属于荷兰世爵公司）来说，像Aero X这样的概念车最重要的使命是在一个新的领域中树立起行业的标杆，以此来表现公司顽强的生命力，并重新拾起人们对它的信心。与它同病相怜的沃尔沃品牌则推出了一系列富有创新性的设计概念，通过这样的方法使人们预览了量产车型XC90、XC60和S60的原型。同时，沃尔沃也对安全性设计中的主要创新点进行了试验，比如行人保护设计概念。这又是一个具有里程碑意义的功能创新。

但是，任何概念都不能停留在理论阶段，毕竟它仍然是一件实用性的产品。概念车与巴黎时装周上的模特或者米兰家具展上的家具还是有本质上的区别的。当参观者看到他们心仪的概念车时，他们是无法购买的。汽车的研发周期往往需要耗费几年，而不是短短的几周。如果要将它们量产，所要达到的标准也近乎苛刻，远比巴黎时装周上花哨的帽子、外套或是裙子量产时的要求要高得多。从概念车到量产车的转变过程需要花费巨大的财力和物力。也正是这个原因，汽车制造商在开展项目之前也要进行周密的计划。为了增加项目成功的概率，它们需要尽可能地争取一切资源，甚至需要预测消费者的品味趋势。

由于研发一款量产的车型需要花费如此巨大的财力，打造一款与之对应的概念车的做法绝对是明智之举。当然，为了成功地开发出一款概念车，汽车制造商往往也要花费数十亿美金。正是因为赌注如此庞大，所以所有人都要尽可能地保证万无一失。正如我们所看到的一样，概念车是向公众展示新创意并获得反馈的最佳途径。因此，概念车项目在公司经营战略中的重要性也就不言而喻了。通过这个途径，汽车制造商能够清晰地预测新概念的市场效益，或者说能够明确地知道这个概念能否迎合消费者的需求。从这个意义上来说，概念车为企业进军新领域以及获取消费者的反馈信息提供了一个低风险高回报的完美途径。

概念车是一个公司的战略目标、经营理念以及宏伟蓝图的真实反映，它的说服力远甚于公司报告中的任何文字，

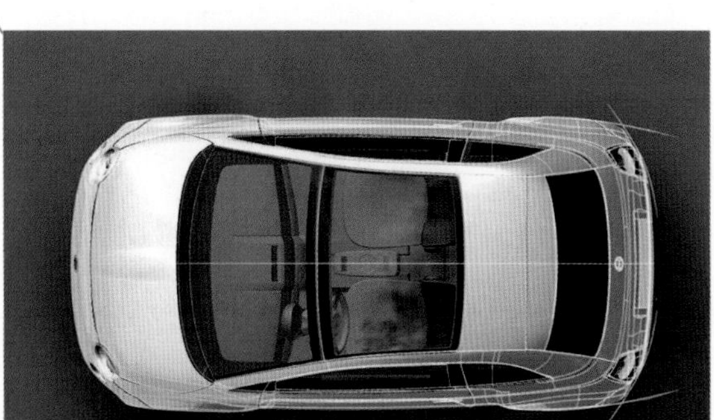

即使华丽的辞藻也无法与之媲美。它也是决策者描绘未来构想的真实写照。最成功的概念车可以撼动整个行业的思维格局。比如1978年乔治亚罗的Megagamma概念车，1991年雷诺的Scenic概念车以及2001年大众的一款酷似滑板的Autonomy概念车。真正优秀的概念车也可以给公司带来巨大的收益，这不禁让我们联想到概念车丰田RAV4，我们很好奇它是如何做到一经面世就迅速流行起来的。同时还有那些名垂青史的概念车，它们直接量产后就获得了巨大成功，比如福特第一代Ka以及奥迪TT。

然而，并不是每个概念车都能天随人愿，一个错误的设计概念会传达出错误的信息，甚至可能是自不量力。为了打压劳斯莱斯，凯迪拉克提出了完美的Sixteen概念车设计方案。但是，随着捷豹2000年F-Type概念车的亮相，迫使凯迪拉克公司放弃了所有远大的抱负。后来这个项目被取消了，而凯迪拉克也被福特收购了。现在看来，这个野心勃勃的管理者做出了一个愚蠢的决定。也许雷诺公司的平价品牌

达契亚高估了2009年的Duster概念车。以它为蓝本的量产车在设计语言上平淡无奇，毫无创新。相反，一个太保守的概念车则会被视为缺乏战略野心。更糟糕的是，言过其实的设计、奢侈的设计或者违背潮流趋势的设计概念在车展上如果不为人所接受，它们就可能沦为过时的设计。然而，特别值得一提的应该就是当代日本主流生产商举办的两年一度的东京车展上亮相的概念车。这些概念车不仅千奇百怪，而且经常还会涌现出一些完全离谱的设计。

虽然这些莫名其妙的概念常常使西方人困惑，但是这些汽车却极富想象力，同时也极具创新性。有些概念车是万能的，它可以是在车轮上的迪斯科舞厅或是咖啡吧，也可以是一个内部拥有有益光线的移动温室或者是一个在尾部搭载了山地自行车和冲浪板的全地形救援车。经典的设计也可以激发其他设计师的灵感。比如日产的Pivo，它能够绕着自己的轴心转动，从而避免换向时的倒车步骤。其他的概念车则采用了带有幽默感的设计以及注重细节的设计，比如纤维塑料的运用，而这些往往是西方所缺乏的。

然而不管怎么样，概念车提供了一个自由的设计平台。它很受设计师的欢迎，并且能够充分调动设计师的积极性。在一个没有规则约束的环境中，他们的创新能力能够真正地爆发出来。但是，如果一味地放任的话，也会迷失方向。所以他们也需要指导，以此来保证这些设计师在正确的设计方向上。保证他们没有将时间浪费在肤浅的设计以及不合时宜的设计上。

那么，什么是冒险呢？如果设计概念缺乏想象力或者管理者找不到设计方向的话就是冒险。毫无疑问，一个概念车往往会成为未来的一个时间点的定格。就像流星，在陨落之前它必定会为了稍纵即逝的瞬间而燃烧出最后的一丝光芒。而概念车真正的价值就在于它所蕴含的智慧，人们可以在它的基础上推陈出新。

下一页：2010林肯概念车

第五章

设计师档案

Jean-Pierre Ploue（让·皮埃尔·普鲁埃）

——PSA标致雪铁龙集团设计总监

用一款魅力十足的汽车来代表一个汽车品牌的风格，以及仅凭个人的能力和直觉就设计出一款汽车的时代已经一去不复返了。而这个时代最后的一个代表性人物或许就是威廉·里昂斯了。这个所谓的设计师经理对风格、形态以及比例的准确把握使捷豹汽车的设计因格调优雅和独具匠心而享誉全球。当然，这些能力也使里昂斯能够创立汽车公司，并在不断发展的基础上持续经营；但是，让一个个体超越一个品牌的视觉形象和文化内涵的情况下如此无拘无束地设计，对当代的设计师来说简直是一种奢望，因为现代化的跨国公司拥有更加错综复杂的组织结构。

1968年问世的捷豹XJ曾经名扬天下，而它的问世也标志着里昂斯时代在最后一次辉煌中进入了尾声。在此之前，曾经涌现出许许多多有个性的设计总监，他们曾在一个或者多个品牌中留下了深深的烙印，并对汽车设计史的发展产生了深远的影响。

出生于意大利的设计师Bruno Sacco（布鲁诺·萨科），曾担任奔驰汽车公司设计总监一职长达25年之久，直到1999年退休时他才离任。在他冷静而自信的指挥下，奔驰汽车塑造了良好的品牌形象，并奠定了奔驰品牌的文化基础；随着宝马汽车的成功试验，我们可以肯定，Wilhelm Hofmeister（威廉·霍夫迈斯特）做了一件正确的甚至是伟大的决定。因为他使德国的汽车公司实现了一次飞跃——从生产微型三轮汽车和古典豪华轿车的生产商转变成缔造独具特色的轿跑车的制造商。他使宝马汽车成为成功与活力的象征。明确的定位最终使宝马汽车赶超了奔驰品牌，并发展成为一个高档汽车制造商。在千年跨越之际，另一个更具争议的宝马设计总监Chris Bangle（克里斯·班戈）再一次将焦点放在品牌形象上，并试图去重塑它。

因此，一个明确而连贯的设计规划有助于重塑一个公司的品牌形象，这个法则并不仅限于优质品牌，而是适用于所有的公司。就像马自达、起亚以及现代这样的亚洲汽车制造商现在都在努力地通过设计去打造一个强大而积极的品牌形象。通过这个方法来达到吸引消费者的目的，同时也有助于逐步提升公司产品的知名度。在它背后所隐藏的是一个明确的设计策略，它代表的是最高水平的决策。同时，正是这个公平的博弈平台使这些公司从雷诺公司及其刚退休的设计总监Patrick le Quement所创立的模板中汲取经验。

当le Quement在1987年加入雷诺公司的时候，这个公司还没有明确的品牌定位。它的设计从稀奇古怪到枯燥乏味的车型，可以说是无所不包。它们所拥有的唯一共同点就是都不畅销。破斧沉舟的决心以及公司高层强力的注资使le Quement能够将雷诺汽车的产品质量提升到合格的水平。他组建了一个强大的设计团队，这个团队在他的指导下设计出了一系列具有开创性的车型。这些车型都成功地量产了，比如Twingo（它的设计师也包括让·皮埃尔·普鲁埃）。在20世纪90年代中期，一系列时尚而连贯的车型诞生了，它们得到了消费者的高度认可。同时在1997年le Quement提出了Megane Scenic概念，它是一个分区式的家用多功能厢式车。它的亮相使雷诺实现了一次巨大的飞跃，它的成功也

使其竞争对手难以望其项背。

经过le Quement 20多年的精心建设，雷诺品牌已经建立了良好的品牌形象。现在，雷诺已经进入了Meganes 和Scenics的第三代，它们也被普遍地认为是量产车市场的革新者。他在2003年Megane II的发布会上说道："如果你不想让你的设计平庸，那么你就必须大胆地去尝试。在做最后的评估时，我极力向我们的CEO推荐了这个方案，最终得到了他的认可。一款新车没有马上得到大众的青睐是很正常的事情，因为消费者需要一定的时间去消化它。"

当le Quement谈到他的策略能够成功的关键性因素时，他说原因就在于他将设计作为规划产品策略的工具，同时用设计去体现最高水平的决策。

让·皮埃尔·普鲁埃在2008年升任PSA标致雪铁龙的设计总监。虽然当时标致雪铁龙公司的状况远不及20世纪80年代雷诺汽车所遇到的那样令人绝望，但是这并不意味着这个任务的艰巨程度会有所降低。当时标致雪铁龙的两个品牌在小型汽车市场中仍然占有绝对的优势，不断增加的税

收优惠政策也有助于低碳环保型汽车的发展。然而，西欧依旧保持着核心市场地位，除此以外的市场仍然处于疲软态势。过去的十多年里，雪铁龙和标致汽车没有一个品牌在利润更丰厚的较大型汽车市场中取得一些成就。尤其是雪铁龙汽车，它曾因抛弃著名的**未来主义风格**品牌形象而变得枯燥乏味而且毫无个性，为此受到了持续的批判。同时，两个品牌都曾受到市场占有率不断增加的高档汽车和中高档汽车品牌的沉重打击，比如大众汽车。

普鲁埃在2000年担任雪铁龙的设计总监时是占有一定优势的，因为他曾经在雷诺、奥迪以及福特汽车公司中工作过，而且对团队建设了如指掌。同时，他曾经在大胆而前卫设计风格上取得过一些成功，这些风格成就了20世纪50~80年代的雪铁龙汽车。

在本书编辑的一次采访中，他这样说道："从概念车设计一路走来，我们已经开始逐步地重塑雪铁龙汽车的设计理念。同时，概念车也是企业未雨绸缪的重要手段，因为它

们是催化剂，一种能让整个企业快速发展的催化剂。

像C-Metisse、C-Cactus、Hypnos以及Revolte概念车这样成功的设计研究充分地增强了改革的信心并顺利地将这些概念车实现了量产。比如，2005款的C-Sportlounge概念车直接实现量产化而成为C4掀背车。平滑的后车顶轮廓线以及装备了中央控制器的方向盘使它在一定程度上回归到雪铁龙著名的未来主义风格上。这对那些盼望已久的雪铁龙粉丝来说，的确是一件值得庆幸的事情。同时，让·皮埃尔·普鲁埃也承诺将会推出更多这样风格的汽车。

他补充道："我们正在朝着这个方向努力，只是还没有完成。我们需要一定的时间去理解这个品牌，去思考我们能在标致雪铁龙这样的大公司里做些什么，最终探索出正确的方向并大胆地尝试你的想法。我们将逐步地提升我们的科技实力和产品质量。并在这个基础上探索出未来设计语言的主题，它会是纹理、色彩或者是协调性，还是三者的集合。这些构想都在按部就班地进行中。"

然而，由于标致加入到它的麾下，现在的状况已经今非昔比了。他还透露道："从那时起，我就肩负起了发展两个品牌的重任，这使所有的事清变得更加复杂。倘使你是一个品牌的设计总监，那么你就可以全身心地投入到它的上面。它会成为你生活中不可

或缺的一部分，你也会像照顾你的婴儿一样呵护它。但是，一旦你要负责两个品牌，那么你往往可能会顾此失彼。”

普鲁埃迅速做出了让步，他对两个品牌的设计工作采取了权力分散的管理方式，而不再是事必躬亲。因为，他深信他的团队成员会大胆地展示自己的才华。“当然，在放开的同时，我们也要做到不辱使命，确保最后能够完成一个优秀的设计。这也是标致设计团队以及公司高层管理人员所期望的。但是，我们在确保提出合适创意的同时，也要拥有充沛的精力去完成它。我们也必须让团队里的每个人都能够独立思考、各司其职，同时提出自己的设计概念。这其实就是在约束与自由之间进行平衡。”

当被问及他是否还在设计汽车时，普鲁埃以一个“实在是太忙了”的手势回应了这个问题。然而他却说，他现在设计的不是汽车，而是设计这两个品牌的未来。与其他的设计总监一样，他把自己定位成一个设定框架以及营造出一种设计氛围的导演角色。在这个环境中，所有人的想象力都能得到激励，使创意思维如泉涌。他虽然说他难得清闲下来好好画几张草图，但是一个整洁的袖珍型笔记本立刻就“出卖”了他。这个记录过会议纪要、通话记录以及供应商信息的笔记本中夹杂着许多整洁而随意的设计草图，这些都是他在出席会议，乘坐汽车或者乘坐飞机时忙里抽闲所绘制的。通过普鲁埃的这个天马行空的笔记本就能体现出一个活跃而富有创意的设计师的工作态度。然而，这些草图几乎都是一些细节设计，而不是一个完整的汽车设计方案。只有职业设计师才能明白这些涂鸦式的细节设计方案的重要性，比如门封条、车身侧面以及支柱位置的设计。

他说他的每一个作品都有它的特别之处，而且每一个设计都给我们带来了新的挑战和新的尝试。由于他表现得非常谦虚，婉言拒绝了在所有的设计中挑选出得意之作的请求。在孩提时代，简洁的2CV、奢华的Delage以及雪铁龙ID19激发了他对汽车的浓厚兴趣。如今的他，为了追求复兴与创新而不懈奋斗。同时他也明确指出，他不仅从艺术、建筑、雕塑以及制表业中寻找着设计灵感，也在与设计团队每天的沟通过程中激励着灵感。

设计总监最核心的任务之一就是在鼓舞士气的同时激发他们的创意。他说：“我的职责就是去激励团队成员并帮助他们战胜一切可能出现的困难，你确实必须鼓足所有的信心去说服他们。这是风险极高的事情，但同时也是极其刺激的。”

然而，面对两个品牌所制定的远大目标，普鲁埃和他的团队需要百分之百的努力才有可能实现。普鲁埃谨慎地说道，为了衡量改革的效果，他们制定了一个宏伟的目标。这个目标就是让标致成为汽车行业中的设计标杆，同时对雪铁龙汽车也要大刀阔斧地进行革新。

他解释说：“我并不认为雪铁龙已经完成了革新，相反我认为故事才刚刚开始。我想公司的老板们或许也是这样想的。如果我和我的团队能让标致汽车成为世界汽车领域数一数二的品牌，同时雪铁龙也能够彻底完成改造的话，那么我们就会深感欣慰了。”

然而，究竟这些世界排名是如何评估的，普鲁埃对此讳莫如深。而且当涉及到评论标致最新设计的车型时，他也极力去避免谈论。相反，他援引了205掀背车和406轿跑车这两款代表了标致品牌真正水平的车型，这在某种程度上又像是在表达对标致公司最近工作成果的不满。205掀背车首次亮相于1983年，而406轿跑车则起始于1997年。

“在此之前也有众多优秀的设计，只是在现在看来他们比较突出而已。标致406轿跑车真可谓是集标致汽车所有优秀性能于一身，它不仅格调优雅、平衡性好、精神饱满、搭配和谐，而且拥有优越的平稳性。这些都是标致品牌一直传承下来的特有品质。而标致205则为标致品牌带来了新的价值观，比如活力奔放、运动休闲、青春时尚以及都市炫酷的风格。”

标致205与406都具有明显的意大利宾尼法利纳的设计风格。宾尼法利纳曾经与标致品牌保持了长期的合作关系，而它也为标致设计了一系列优雅而具有影响力的车型。其中就包括标致403、404、505、406，当然也包括家喻户晓的标致205。更让人惊讶的是，尽管这些车型在历史上都曾获得过巨大的成功，但是普鲁埃并没有想过继续重走外包方式的设计老路。“如果想要创造一个深入人心而且有竞争力的品牌理念，那么就需要你自己去设计。你必须了解你的定位，同时当你要求别人为你设计的时候你也要明确你的设计方向。设计理念是不可能与别人共享的，一个供应商应该有自己独特的理念。特别是宾尼法利纳公司，它可能或多或少了解一些标致汽车的设计理念。但是它肯定不知道标致汽车未来的发展方向。如果我们想要标致汽车进入世界顶尖水平，这就需要从外界吸收一些优秀的设计师来不断地进行突破。”

只有当一个品牌对自己的价值观感到自信而且还拥有明确的发展方向时，它才可以考虑将设计进行外包。据普鲁埃说，这种情况更有可能出现在雪铁龙品牌上。因为它曾采用过博通设计公司的设计方案，比如BX和Xantia。

然而事实证明，想要重塑标致品牌并将它推向汽车设计领域的巅峰是一个艰巨的任务。如果要进行相同的改造，雪铁龙品牌则要容易的多。由于雪铁龙品牌在科技领域的不断突破，同时拥有未来主义的车身造型以及大胆地改革的特点。雪铁龙汽车赢得尊重也是理所当然的了。所以在公众的印象中，雪铁龙品牌的地位远比标致汽车高。这是感性和理性协调的结果。由于标致汽车的传统市场定位于中产阶级阶层，它是严肃而优雅的风格。这种造型的风格可以说是整个非洲风格的集合。雪铁龙汽车则拥有众多系列，比如波西米亚极简风格的2CV，在科技创新上有惊人突破的DS以及物美价廉而且装备高科技的GS。而标致汽车最经典的应该就是拥有防弹功能的加长版505旅行车。当然，普鲁埃也提及到了前卫的205汽车。因为它为标致品牌开拓了新的领域。

尽管如此，标致设计团队流露出的仍然是自信与镇定。因为他们深信，他们正在酝酿中的这些设计概念定能使标致品牌实现复兴。Gilles Vidal很快就被普鲁埃的壮举所感动。他首先接管了标致的概念车设计，并在不久之后就负责起了整个品牌的设计工作。Gilles Vidal曾多次在雪铁龙汽车的结构上提出过突破性的设计概念。与他的上司普鲁埃一样，他也坚持了严格的保密作风。但是，所有的迹象都强烈地暗示了标致汽车将会在2010年巴黎车展上亮相的一款新概念车。它将为公众清晰地展示出标致未来的发展方向。

在这些暗示中，标致汽车毫不避讳地表达出重新回到创新和时尚的风格路线的意愿。这也是标致205在1983年为标致品牌开辟出来的新路线。当然在复古风格前景黯淡的情况下，他们会在设计中融入更多现代化的元素。

Vidal使标致汽车的改革战略得到了更多的关注。最近几年，未来战略已经变得模糊不清。因为它在平常的准量产主流车型，怪异的三轮越野车和离奇的超级概念跑车之间混淆不清。这些设计是如此的不合时宜。它们与品牌核心价值以及当下的主流理念相违背，以致于被误解为与未来战略毫无关联。标致汽车的设计就明显缺乏消费者所喜欢的设计元素。比如哪些能够激发大众的想象力并能够使人们预览未来五年或七年后的汽车的设计。而这一点正是雪铁龙品牌所擅长的。在标致新领导层的带领下，这些情况可能会有所改变。

标致的新思维并不是来自主流车型而是体现在都市电动车上。BB1电动车是一款有别于传统汽车造型的电动车。它第一次亮相于2009年9月，并于这一年秋天在五个欧洲国家的首都公开展出。普鲁埃说这款受热捧的汽车有一个传奇的起源。特别是参与了概念设计的设计师，他们都对自己领略到了“我的时代风度”而感到骄傲。这个被普鲁埃称为“我的时代风度”的风格是当代的时代精神，也是当时的时代氛围的体现。“他们就像海绵一样，他们不断理解和吸收当时的潮流趋势，并把它们作为灵感的源泉。这个潮流可以是一个趋势、一件大事、一本书，也可以是一个新的建筑项目。营销人员本来可以从社会调研等方面去获取信息，然而他们却并不经常这样做。这就是设计师与销售汽车的营销人员的区别。”

BB1的设计灵感来源于两个方面。Vidal说：“我们对这样的小车型进行了讨论，同时也画了一些草图。但是我们希望得到一些不一样的视角，以及一些与众不同的造型。它不仅是一个拥有新设计元素的概念车，还要有新的形态以及新的动力来源。”

虽然现在已经提出了一个三轮汽车的概念，但是这并不是普鲁埃所期望的，因为标致曾做过类似的设计。“我们将所有的草图集中到了一起，并从中挑选了一个非常霸气的设计。一个两座的三轮汽车的设计方案。然后我对他们说：‘我们需要去设计一款紧凑型的四轮汽车，而且是一款出乎所有人意料的汽车。’”

随着设计按部就班地进行着，普鲁埃却坚决要求它拥有承载四人的能力。这样的要求无疑加大了设计的风险。关于这一点，当时就有设计师提出反对意见。因为有些人认为在指定的2.5m长度内是不可能实现的。然而普鲁埃回忆道，这些工程师在一个星期之后就找到了有效的解决方案。这个可以承载四人的设计是一个伟大的突破。以两个摩托车的形式来承载四个乘客，这样四个人就以双腿叉开式的方式并排骑在两个**摩托车座椅**上。它需要乘客紧靠在一起，同时身体也要稍微前倾。这样的形式也造就了BB1独特的前倾式汽车风窗玻璃。对于短程的都市旅程，这个团队敢保证BB1的舒适程度绝对是完美的。

普鲁埃非常满意地说："的确，这就是它的诞生过程。"但是，正如Vidal所说的一样。如果按照正常的流程，在画草图之前应该对概念的定位进行讨论。首先确定了设计方向和设计风格之后，再从美学上去选择最合适的方案去深化。他说："BB1项目是一个非常特殊的项目。首先它对动力源有一个反思，然后对大量的形态方向进行筛选，紧接着这个概念的最终方案才确定下来。"

普鲁埃接着补充道，营销人员也能够迅速锁定到概念中的亮点以及设计语言上。比如致力于动力源开发的设计概念，这款车的市场定位以及如何将它与标致品牌文化联系起来。

确切地说，如何将BB1转变成标致品牌特有的量产车型是一个非常迫切的话题。也许这个话题的讨论是非常艰难的。然而，这也是标致雪铁龙集团的设计总监必须经历的一个历程。为每个品牌制定战略方向并确保他们在市场中保持自身的独特性和个性是摆在普鲁埃面前最艰巨的任务之一。当然，为了能在保持成本最低的情况下将产品的复杂程度降到最低，只能最大化地提升科技水平的通用性。

为此，这个团队已经起草了一个综合性的概念说明。他们将标致汽车与地球、火焰以及狮子健壮、敏捷、活跃的特征等元素联系起来。雪铁龙则以空气和水作为主题元素，同时还有海豚光滑流畅的质感以及敏捷、流动的特征。通过引用来自日常生活中的实例和活动有助于区分它们之间的差异。标致汽车的外观不仅紧身、精致，而且还有高级时装的优雅感。而雪铁龙汽车的风格则是顺滑、更奢华、更炫酷，同时给人一种夸张的感觉。

普鲁埃以座椅为例，将单个汽车零部件的个性化设计进行了总结。但是要将它运用在量产车上，可能还为时尚早。标致汽车的座椅是一个有动感的凹背折椅。它能够与身体准确贴合，同时有很强的支撑力。而雪铁龙汽车座椅的特征则体现在一个豪华的休闲椅上，它的造型很像**Révolte**概念车的后座椅。座椅的四角在倒角之后继续向前延伸。同样，喜欢驾驶标致汽车的人对汽车的动力学系统有强烈的控制欲望。而雪铁龙的拥有者则更喜欢自动控制系统，让汽车能在没有人为干预的情况下自动驾驶。雪铁龙汽车的驾驶人或许更喜欢轻松的驾驶方式，驾驶的态度更消极。在将来，雪铁龙汽车肯定能运用上偏离航线自动报警系统。而标致汽车可能会运用如今雪铁龙汽车的形式，通过驾驶人座椅振动的输出形式进行警告。然而，下一代雪铁龙汽车上的报警系统可能会直接通过调节方向盘来自动修正航线。

然而事实再一次给让·皮埃尔·普鲁埃的想象力和毅力献上了一份大礼。雪铁龙体现了它惊人的创造力。在20世纪90年代末，正值标致雪铁龙的设计师们江郎才尽的时候。雪铁龙汽车开始沦落为一个仿造的品牌。与竞争者不同的是，它没有通过咄咄逼人的降价策略来化解危机，而是重新激发团队的设计灵感。在数十年之间，他们设计出了一系列令人难忘的概念车，也发布了五款别具一格的量产车，还为未来计划建立了一个强大的设计阵容。

在展望未来上，普鲁埃认为人们追求可靠性、安全性以

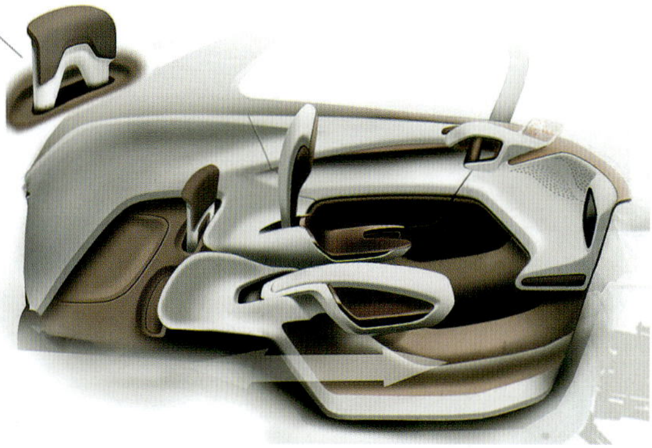

及低排放的时代已经悄然而至。到那时，现在的人所追求的拥有可靠性的德国产品看起来似乎就是过时的。他说：“现在的保护措施以及可靠性已经发展到无懈可击了。人们期待将是更完美、更简洁的设计。下一步发展趋势将主要朝向简洁性、流动性以及轻巧性上。这才是人们所需要的，也是我们切实感受到的。”

然而，尽管随着电动动力系统的问世加快了汽车改革的进程。它开创了截然不同的布局方式，同时在外形比例和造型上发生了引人注目的改变。普鲁埃迅速抵制了诱惑，从而避免自己成为一个“思想家”，也避免自己成为一个脱离消费者的设计师。普鲁埃说：“我们都在力争使雪铁龙和标致汽车达到最高的设计水平，也要让它们成为汽车行业的领跑者。当然，我们最终的目的还是销售。毕竟，为市场引进了一个优秀的设计却不销售它，那我们的设计还有什么意义呢？”

“我们的目标人群不应该是如今的消费者，而是在未来三四年的消费者进行设计。而且我们还要保证它在未来的七年里依然能够保持畅销。”他继续说道，“当我们回顾雷诺公司近期的设计历史就会发现，即使是在小型Megane上也保持了大胆的设计风格。Megane是我喜欢的车型。以前的Megane车型虽然拥有良好的设计，但是并没有得到消费者的青睐。消费者之所以会购买它，也是雷诺公司在欧洲庞大的销售体系运作的结果。”

当他们将Megane与雪铁龙C4的配置进行比较后，他们发现雪铁龙C4明显优于Megane。普鲁埃回忆说：“我喜欢这个设计，但是我却没有完成它。因为我们不只是艺术家，所以我们做的设计不仅要满足消费者的需求，还要满足公司的需求。因此，如果只是单纯的寻求另类，它是不可能符合要求的！”

然而，这并不意味着趣味性设计将被拒之门外。普鲁埃承诺会增加更多强劲的设计元素以及更加非比寻常的装饰效果。而这一承诺将会在即将问世的中高档车型雪铁龙DS5上实现。同时在潇洒到极点的限量版车型**雪铁龙GT**上会进一步得到加强。这使Gran Turismo索尼游戏工作站打造一个异常低矮而宽敞的超级跑车的构想成为了现实。它也会将它制作出来，并在2008年的巴黎车展上展出。

这是雪铁龙为了重新获得自信与尊重而制定的策略。一个如此疯狂而炫酷的雪铁龙GT。它依靠雪铁龙汽车轻松而刺激的特质吸引了公众的眼球，而不是被单纯地当做一个另类的设计来观赏。

为了实现标致雪铁龙公司的伟大复兴，普鲁埃现在所需要做的就是不断宣扬标致品牌的设计理念。

下一页：标致SR1概念车

PEUGEOT

第六章

设计师日记

设计师一周的生活

在位于英格兰中部Gaydon的路虎世界级工作室，内外Oliver le Grice是路虎先进设计工作室的首席设计师。他的职责就是预测未来的发展趋势，同时发现一些新的设计思路。这些思路能够为下一代路虎揽胜车型的设计提供灵感源泉。Le Grice最近的成果是一款具有开创性意义的LRX概念车。它曾在2008年的底特律和日内瓦车展上展出过。下面就记录了他一周的忙碌生活。

星期一

周一早上是调整精神状态，并进行本周计划的时间。在早茶会之前，并没有发生什么大事。在享受早咖啡时，我们整个团队一起分享了我们愉快的周末。

大多数人都在周末去了康沃尔，花了一整天的时间在参观伊甸园项目上。Tim Smit是这个项目的发起人。我们要用心去发现伊甸园项目的价值，并从中挖掘出灵感。最重要的还是筛选出能与路虎揽胜汽车联系起来的设计元素。对汽车设计师而言，这种头脑风暴法可能会在不经意间大大地推进设计的进程。而对路虎品牌来说，这个主题是不可或缺的，因为路虎汽车的优势就在于将设计与自然联系起来。这也是路虎汽车成为众多人道主义组织专用车的重要原因之一。环境保护并不是在产品上做一些面子工程，而是要使它

拥有全面的内在协调性。很快，我们就进入了讨论状态，并针对产品设计这一主题进行了广泛的讨论。如何让我们的设计也包含这些元素，也是我们讨论的重点。

我的周末则是在伦敦度过的，这里是一个缅怀往事的旅游胜地。如果以发展的眼光来衡量的话，我在Soho的Ingeni（福特集团设计工作室）度过的时光是非常愉快的。当时，那个团队拥有强大的创造力，而我每天也过得非常充实。作为一名设计师，他的经历和所处的环境会体现在产品上。因此，设计师所处的环境和业余爱好将会为其提供无尽的灵感源泉。这绝对是正确的。

我很庆幸我曾在这样的环境中工作过。无论从硬件设施、氛围，还是团队合作来讲，它都是一个让人充满动力的乐土。我总能回想起我与这个团队一起度过的时光，以及我们所取得的成就。其中，LRX就是最辉煌的一个，它也是这个团队创造的一个奇迹。LRX一经亮相就成为关注的焦点。可以说LRX将它的价值发挥到了极致。这款样式新颖的概念车几乎没有经过什么调整就直接量产了。而这正是我们做未来产品研发时最理想的结果。

我们只是路虎品牌发展史上的一个过客。一个设计刚完成，就要继续投入到下一场战斗。对设计师来说，永远会有下一款汽车等待着他。对于设计团队来说，未来设计仅仅是尝试预测未来5年、10年甚至15年后的市场需求。这就是一个探索的过程，探索出消费者的功能需求、心理需求以及未来科技的发展趋势。一句话来说，就是产品的定位决定了产品的设计理念。接下来就是画草图，随后就是确定产品的风格和造型。

上午11点是我们的例会时间。这个计划阶段是非常重

要的。这是一个制定工作计划的座谈会，同时也会对汽车设计的后期工作进行一些部署。我们所有的决定都必须程序化，而且要进行充分的论证。因此，我们的主管不得不经常与模型制作团队和样机研究团队进行沟通和联系。因为他们的职责就是实现我们的概念。因此，在研发过程中，我们必须相互配合。如果没有他们，我们就无法将设计可视化，更不用说商业推广了。

午饭后，团队就开始绘制草图并深化设计概念了。而我则花了一点时间和黏土模型师完成了一个精致的全尺寸黏土模型。它将会成为我们的参考模型，有助于我们对产品的尺寸、比例以及整体感觉进行论证。这也是一个关键性的步骤，它将推动整个设计走向成熟。随后，设计就将移交给生产部门进行更细微的调整。在进行更深层次的可行性分析之后，这个设计就可以量产了。

由于我的黏土模型没有制作车顶和窗户，制作的时候可能会有一些困难，这样做甚至有点冒险。我不得不依靠我的经验和直觉来制作。我们使尽浑身解数向模型制作团队描述我们的设计概念。制作的时候，我也不断地祈祷：最终的结果是我们想要的效果。语言、手势以及概念草图都是我们的表达工具，是我们与模型制作团队以及设计总监沟通的桥梁。他们希望一次成功，但是现实往往事与愿违。一个好的设计是一个发展的过程，它常常需要不断地调整和提炼。

今天的最后一件事情就是讨论设计工作室建设新平台的事情。这意味着依靠钢笔和铅笔绘图的时代已经一去不复返了，计算机软件将成为主流。我们引进先进设计工具的目的是为了体验新的设计工具和新的工作方法，同时探索出新的工作方式。在过去的十多年中，我们总结了很多实用的技能。而现在，很多事情用计算机就可以轻易做到了。设计师可以在计算机上制作三维模型，也可以用软件来表现设计概念。这远远超出了平面软件Photoshop的能力范围，而且它在今天的设计领域中扮演了重要的角色。难以想象，在20多年前我就接触到这些先进的设计工具了。而当时在外面几乎看不到这些软件。周二晚上，我将去德国和这些新工具的供应商进行洽谈。

当我离开工作室的时候已经是下午五点半了。去健身房锻炼完身体之后，我就回家了。在家里观看了一个有趣的电视节目，它主要是讲述伦敦地铁设计和企业形象识别系统设计的。

星期二

早起的鸟儿有虫吃。当伦敦其他的设计公司在早上10点才开始活跃的时候，我们的模型制作团队已经埋头苦干了三个小时了。然后，设计师们就去指导模型师制作模型，并协助它们攻克一些难题。黏土模型的制作流程包括：在模型表面贴胶带线、造型分区、与工程师讨论装饰问题以及解决技术难题。所有的步骤都对设计的好坏有直接的影响。在Gaydon，模型制作师会和设计师一起制作模型。这样，双方就可以直接对话，模型师提出的问题能够及时地得到解决。所有的措施能够保证团队无障碍地沟通，并提高工作效率。表面设计也是设计小组的工作之一。像水冷却器这样的系统设计则是后面的议题，紧接着就是细节讨论了。

制作黏土模型的时候需要不断地推敲。设计师不仅要保证可行性，而且要尽可能地保留品牌内涵，从而避免一个设计因工程的一项项要求而被终结。而这些都是决定成败的关键，并且每年的规格标准还在不断地提高。当然，在打造一款新车的过程中也会遇到一些近乎苛刻的要求。包括安全标准、成本压力、科技实力、供销系统、产品复杂程度、经济全球化以及日益增多的消费需求。因此，汽车设计的形势变得更加严峻！以至于部分年长的成员在回忆曾经制作的设计时，往往会情不自禁地潸然泪下。他们怀念以前的设计流程，怀念曾经的汽车设计中所蕴含的乐趣。无可否认，当代的汽车设计在这些方面已经难觅踪影了。但是，先进设计仍然充满了幻想，尤其是在概念车项目中。

后来，我用Alias创建了一些模型，它们能够直接转化成黏土模型。这是另一种制作模型的方法，也是一种高效的工作方式。手工制作黏土模型的时候，我们对自己的模型也是呵护有加。生怕出一丁点儿错，往往如履薄冰。我们要追求至善至美的效果，因为只有这样，才不会误导模型制作团队的其他成员，并且保证工作的顺利进行。然而，这种态度

却违背了形态实验法的宗旨。这就是容易偏离原始设计概念，甚至是出现抄袭现象的根本原因。

数字化工具使我们可以大胆地进行实验，大胆地冒险。更重要的是，你在这些过程中不会有任何损失。而且它最大的优势就是能够根据设计生成的数据直接在一个五轴机床上铣出黏土模型。由于它具有很高的实用性和可靠性，所以也是制作全比例模型的首选。

于是，我走进了五轴机床车间，并检验了这台机器的工作性能。我几个小时之前在电脑屏幕上画的车，它只用一大块黏土就完美地呈现出来了。我深深地被这个神奇的机器所折服。我非常喜欢这个纯自动化的机器，因为它能直接将我的创意变成实物。

傍晚的时候，我与团队成员一起去喝咖啡，并和他们讨论了昨天晚上看的电视节目。在工作的时候，我会用听听音乐的方式来放松放松。我们的工作室也会播放大家共同喜欢的音乐。然而，萝卜白菜各有所爱。我经常会回到自己的办公室独自享受歌声盛宴。环顾四周，大多数的团队成员都在做相同的事情。事实上，工作室里的大多数人都被功利主义所笼罩。因为他们只自扫门前雪，不管他人瓦上霜。他们根本没有交流，若不是要制作黏土模型，这里的氛围可能极其危险。因为，它看起来像一个呼叫客服中心……

为了能有更多的时间陪伴家人，今晚我很早就回家了。当时，欧洲杯正如火如荼地进行着，我还要陶醉于激烈的赛事中。

星期三

今天，我们再次回顾了伊甸园之旅，并了解了主要项目的进展情况。我们将精力集中在造型设计上。我们也把实习毕业生的设计作品与我们设计团队的作品进行对比，然后取其精髓。这些实习生主要想在专业的设计工作室中学习工作经验，而他们开放式的思维也确实是我们所缺乏的。因为他们基本上没有受到工作经验的束缚，所以思维比较大胆。显然，想要真正地理解路虎的品牌历史和内涵价值，还是需

要一定时间的。而经过几年的历练，等到他们真正地理解揽胜或者路虎品牌时，大多数毕业生则更倾向于自立门户或者是跳槽。

大多数年轻设计师都把汽车设计想象得过于简单了，他们以为汽车设计就是设计出一款功能新颖、造型独特的汽车。但是等到他们真正理解了路虎的品牌文化以及消费者的实际需求之后，他们才能真正感受到挑战。我认为，只有经过几年的历练，才能成为一名合格的设计师。因为只有经过不断地沉淀，设计师的创造力才会达到巅峰。至于这个创造力能维持多久，这完全取决于个人的能力以及周围的环境。因为有些设计师会不停地在各个组织机构和管理部门之间切换角色，而有些则会一心一意地培养自己的创造力。当然，最关键的还是做到人尽其才，物尽其用。这就像一支足球队，有些人是天生的后卫，而有些人则是天生的进球明星。值得庆幸的是，路虎团队是最完美的搭配，它涵盖了所有的类型。

方案评估进行得很顺利，而且涌现了一些有深化前景的方案。下一步我们将通过Alias三维模型来表现各种各样的设计概念。我们也要做出效果动画，并进行市场调研来辅助评估。事实证明，数字化形式是用来获取客户反馈信息的好方法。它的成本远远低于汽车模型的制作成本，而且你还可以尽情地尝试制作多种方案。相比之下，传统的调研方式则显得更为低效。在这个过程中，设计师不仅需要有敏锐的洞察力，还要有准确预测的信心。这在产品设计计划的步骤中显得至关重要。通过与市场销售、公司战略以及调研部门紧密的合作，我们可以在周期性的计划中寻找到正确的方向。

今天做了一大堆的事情。为了明天的方案评估，我们制作出了黏土模型，其中也包括最高机密的方案的模型。我在这个模型上花费了一个多小时，我对它是爱不释手。后来，我约见了IT技术人员和先进设计项目的主管。并和他们在更新设计工具的问题上交换了意见。这些人的想法与我们不谋而合，引进这些先进的设计工具也可以免除繁琐的管理工作。我非常感谢他们的支持，因为如果没有他们的配合，我们的工作很难进展的如此顺利。

今天，最后一件事情就是检查黏土模型表层的干燥程度。检验结果是湿度非常合适，这也简化了明天的评估准备工作。事情总是充满了不确定性，但是我们尽可能地做到了最好。与过去相比，现在的设计有更多的可预测性。

今晚，我去健身房，之后就去了有现场音乐演奏的酒吧。我家周围有三个剧院，而且离得非常近。我们经常去这些地方，因为它和我的工作极其相似。它们都是有创造力的世界，只是职能不同而已。我很好奇，剧院里的工作人员都干些什么？他们可能要接待很多的名人，整天日理万机，也可能要集体进行决策。这样看来，其实他们和我们的区别并不大。

星期四

这是一个忙碌的早晨。为了加强观赏的效果，我们将模型装饰了一下。在表面喷涂了一层被称为Dynoc的喷漆，并用胶带贴上轮廓线。在加上轮子之后，我们就将它放到了展厅。模型天生对设计师有强大的吸引力，大家会观赏每一个模型并对其进行评价。观看的时候要非常仔细，因为我们不能错过每一个亮点。每个人都有自己的看法，每个人的观点都是有价值的。但是，今天的决定权主要掌握在设计总监Gerry McGovern的手中。他的喜好将直接决定我们的设计方向。他也将为我们指定下一步的细化方案。但是，我们也需要引导他做出正确的抉择，选择出最合适的概念

当时我们心血来潮，将模型搬到花园中进行展示。让我们惊讶的是，这些模型在户外环境的衬托下显得如此的与众不同。当时，我们得到了明确的设计方向。虽然还要进行小幅的调整，但是至少我们的方案获得了认可。然而，模型制作团队却高兴不起来，因为他们必须快速制作出模型，然后送到涂装车间进行加工。而这些工作必须在下周之内就完成。

下午，我们参加了捷豹、路虎两大品牌联合进行的先进设计汇报。我们会不定期地进行交流，以此来分享我们最近的成果。同时，我们也可以获得同行的意见。我觉得这一惯例应该一直延续下去，因为它营造了一种自由的氛围。通过这样的交流，可以让大家对项目得到深入的理解。事实上，我们是一个整体。而地理上的隔离，让我们各自都保留了自己的优势，也使每个团队都比较专业。

另外，今天晚上我要乘飞机飞往德国。前往伯明翰机场之前，我得部署完所有的工作。我不喜欢坐飞机，而且也不喜欢出远门。因此，我不喜欢经常出差的工作。当然，要是去一些风景迷人的胜地做高层次研发，我还是欣然前往的，比如圣莫尼卡。几年以前，我们曾在那里做过LRX的研发。在这样的氛围中，我们不仅心情愉悦，而且思维也比较活跃，就连LRX的设计概念都是从那里找到灵感的。在加利福尼亚州耀眼的光芒下，一辆Mini Cooper停放在路虎揽胜的后面。此情此景，使我陷入了沉思，也使我灵感突现。

今天的旅途非常顺利，我选择了一个非常普通的欧式酒店。德国的啤酒永远是那么棒！

星期五

在享受了一顿丰盛的早餐之后，我参观了供应商的工作室。我们详细洽谈了购买事宜，并取得了实质性的进展。对于设计师未来的工作方式，我们彼此交换了意见，并提出了一些全新的概念。下午三点左右，谈判就大功告成了。然后，我去见了汽车设计界的老朋友。这个圈子其实并不大，所以大多数人彼此都认识。他们也是走南闯北的，因此对很多汽车品牌都很了解。有时就会导致不同品牌之间的元素进行嫁接。但是，真正地将汽车设计概念传播开来的还是那些书籍和网站。真正创意十足的设计还是非常稀少的。他乡遇故知是一种何等的欣喜啊，我们一起畅谈了汽车未来的变革方向以及一些关于汽车设计的传闻。世界瞬息万变，如果没有八卦新闻的话，这个世界将会缺少一点刺激。在德国的这些日子，使我回想起了在Stuttgart 的奔驰先进工作室的时光。今天晚上，真有一种酒逢知己千杯少的感觉，哪怕到深夜也不愿散去。最终，我不得不依依不舍地坐上去机场的火车，踏上回家的旅程。

趁着飞机上的闲暇，我回顾并总结了这个成果丰硕的一周，也对下一周进行了大致的规划。设计师思考的脚步永不停息，他们要思考自己正在做什么，他们要在脑海中构思设计，他们要解决3D问题。远到未来的产品研发，近到目前的市场竞争，真可以称得上是思维永动机。而所有的这些都将会周而复始，永无止境！

第七章

设计进程

什么是汽车设计？简单地说，它是对汽车的每一个可见部位进行精雕细琢，使之在消费者面前呈现最完美的形象。从汽车发展史上看，汽车设计还被艺术地称为“造型”。

然而，到了21世纪，仅仅从美学的角度考虑汽车设计似乎已经过时了。过去所采用的用视觉上的造型吸引和打动消费者，在汽车制造业变得越来越复杂的情况之下，显得十分单一。现在的汽车设计具有极大的综合性。眼下，顾客在汽车的安全性、工程学、环保性能上的需求不断变化，意味着今天的汽车设计师在工作时必须考虑和照顾到大量潜在的设计约束。

要想在汽车设计上取得成功，设计必须实现越来越高的标准。更重要的是，为了做到这一点，设计人员必须将自己的设计意图精准而有效地传达给与他所做的汽车设计相关的部门，比如市场营销部，除此之外，他所设计的产品必须具有颇丰的商业回报，以确保汽车制造商能够执行他特

定的设计要求。这对设计师来说相当具有挑战性，因为通常情况下设计师本人心目中最心仪的那个设计理念一开始最不能被其他人理解和接受。但是，一旦这个设计理念最终获得支持，几十个人将会为这唯一的目标在设计过程中通力合作。设计过程中，有效的沟通是获得成功的关键。设计过程中所有的因素都会影响到最终的设计定案。

能够影响汽车设计的因素，包含品牌功能、实用性、安全系数。除此之外，汽车设计还受成本、材料和生产水平的限制（如组件和平台的共享），还受环境因素（如循环利用、排放量）以及汽车自身的使用年限的制约。所有这些因素对车辆设计的最终定案都产生潜在的甚至是负面的影响。

在整个汽车行业中，汽车的设计过程大致是相同的，只是在个别机构之间可能存在一些差异。在这里我们就通常情况下汽车设计过程中的各个阶段为大家做一个详细的阐释。

第一步　早期规划

某个汽车设计如果仅仅起源于一个设计工作室，这是很罕见的。事实上，汽车的发展通常始于一系列的战略会议，与会者是一个多学科的团队，包括设计、市场营销和工程部门。他们中的所有人将共同确立汽车设计中实际的和概念上的各项参数，包括：如何推进设计过程、设计时间的总框架。在此期间会产生一个设计纲要，设计过程才允许开始。车辆的类型、动力总成、材料、本款车面向的客户和生产方面的考虑，甚至最终成品车的价格都是依据这个纲要制定的。

第二步　早期概念草图的诞生

通常情况下，一个设计总监会鼓励他所有的或部分的设计师在生活方式和汽车产品分类标准的背景之下，以一个情绪和主题进行设计，从中产生丰富的灵感。这些情绪和主题的方案通常产生于早期的规划会议。制定这个方案时，所有人都应该将重点放在车辆的设计能够唤起的情感元素上，生活方式是车辆形成的背景，而主题则提出了设计的进程。制定方案的人员还可能引用一个或多个现有的或历史上的汽车，他们还会以竞争车型为基准，制定相应的设计策略与之对抗。在有些情况下，他们甚至只着眼于未来，他们在乎的是，在完全忽视品牌底蕴的情况下，我们刚刚开始做设计时，会怎么做呢？

一旦主题被确定下来，紧张的早期草图创作阶段就开始了。草图是能够将大量创意形象化的快速而有效的方法，这是一个极具竞争力的阶段，设计师们会努力地将自己团队的设计推向完美。在这个阶段的尾声，最后入围的设计方案将会从众多方案中脱颖而出。

第三步　入围设计

当最优设计被选中之后，设计师们会根据这个可能入围的设计创建出更多的草图。那些作品未能入围的设计师们将会被重新部署，他们将致力于为最优设计创作出更多的、能呈现出不同外观的草图，有些草图甚至是从车内的视角进行创作的。

大量的草图完成之后，管理层将会对汽车设计作进一步的审查，这个时候，设计师们在自己候选设计上所下的功夫将直接影响到审查的结果。在这个节骨眼上，管理层将会进一步比较候选作品，确定哪些作品需要用像欧特克这类的软件做出CAD模型。

第四步　设计定案及其黏土和数字化模型

设计定案拿出来以后，为其创作三维虚拟油泥模型的工作就开始了。使用CAD为不同虚拟环境下进行数值模拟提供了可能，这使得设计师们可以快速研究车辆在不同视角上的变化——尽管是虚拟的，依然对设计师有很大的帮助。

另一方面，大多数传统的油泥模型并不是根据真实尺寸和形体做成的实物模型。对于比例是1:1的模型来说，可以感受到实际的尺寸和视觉特征。油泥模型可以放到户外日光的自然光线下，这样可以更好地去查看表面，曲线和褶皱等不连续的位置。油泥模型的另外一个优点是可以让设计师围着模型去不同角度欣赏设计，交流设计思想，分享不同观点。

设计总监可能两种模型都要用，事实上确实两种都采用，但是哪种更常用也没有固定。事实上在这个阶段，不从CAD数据制作出全尺寸的模型并不常见。

第五步　内饰设计

车的内饰设计在外形设计开始之后就尽可能早地开始了。通常是大约三个月之后。内饰设计更加复杂，伴随着非常大量的表面和材料的限制，需要设计师和色彩及辅料专家协调。

色彩和辅料的团队研究并制作了情绪板，有色彩、材料甚至纹理的模板，以便让设计师根据客户的生活方式，需求观点做内饰设计。当然，同时，他们还要考虑比如成本、重量、安全限制等因素。

同外形设计一样，设计师们要互相竞争合作一起完成车辆的内饰设计。当最终的内饰设计方案确定之后，三维数模需要开始制作，以使将来制作样车。

第六步　最终模型或者样车

一旦数模制作完成，样车的部件就可以在整车样车制造前开始生产。这些制作的部件最后要在设计工作室组装到样车上，或者在别的地方由供应商来组装。

第七步　可行性论证

管理部门确认了最终设计方案之后，全尺寸的油泥模型就会被扫描去制作一个三维的数字模型，并且用来生成数模数据去进行工程和制造方面的流程，生产最终的零部件等。

第八步　最终论证

最终设计管理部门评审认证整车的造型设计，批准进行批量生产。

第八章

如何定位一个好的设计？

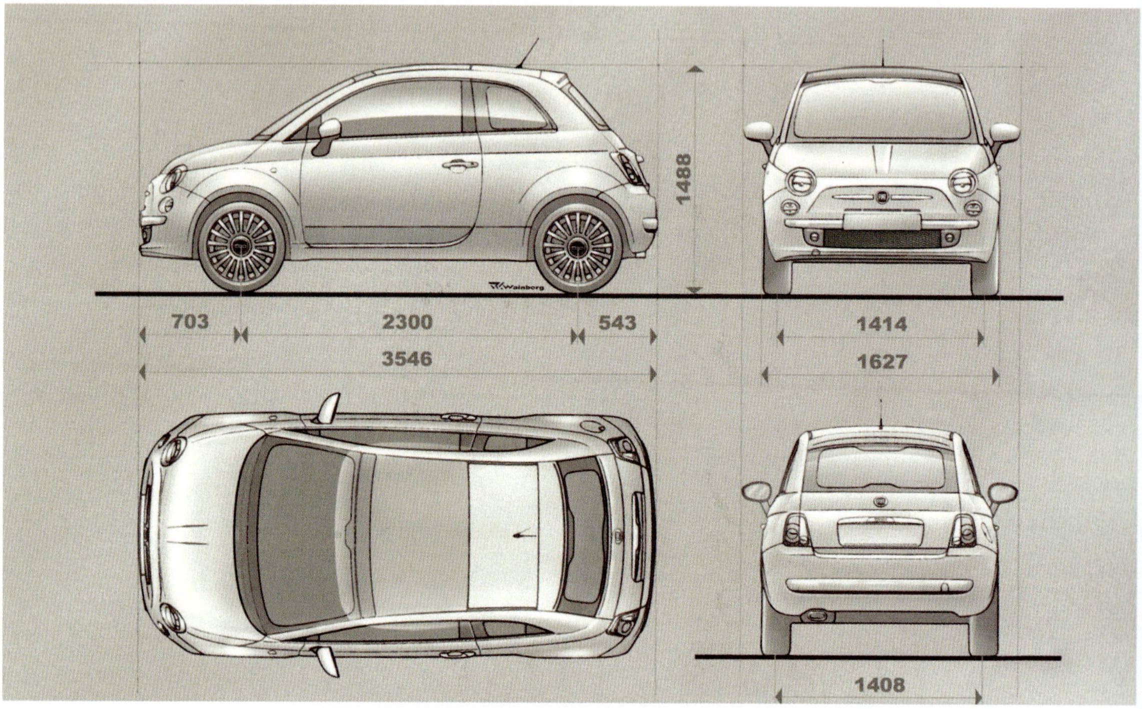

世界领先的交通工具课程——伦敦皇家艺术学院车辆设计的权威人士Dale Harrow教授，着眼于汽车设计的本质，认为汽车设计师应肩负更广泛的社会责任。

当设计师准备设计和构建一款现代化的车辆时，他必须意识到这项工作的复杂性，因为它的牵涉面极广，包括机械工程、制造业、产品组件（平台共享的需求）和包装组件（立法和安全法规），其中需要顾虑到不计其数的细节，而在整个设计过程中所涉及的人就更不用说了，更让人无法忍受的是，设计师在应对这些没完没了的细枝末节的同时还得具备非凡的创造力、革新能力和独特的对于美的感悟能力。汽车设计是一项很复杂的技术，和普通意义上的“造型”有很大的区别。汽车设计是高难度设计技能的充分理解、流体三维形状的精准控制以及历史、情感和文化表现形式的丰富知识相结合的产物，离开这些，汽车史上那些经典的造型是不可能出现的。

在很多人的概念中，现在的汽车看起来都是一样的，然而实际上并不是这样的。每条街道上我们都能看见各式各样的汽车，从最简单的四门轿车到最奢华的轿车、运动轿车、家用旅行车以及日益增长的新能源车型。各式各样的车以其全新的结构和机械布局，很好地诠释了现代的汽车设计。

汽车也许是20世纪无所不在的并最能吸引眼球的视觉形式，汽车常常被描述为一种艺术、设计或是一项工程，但是如何才能成就一个好的汽车设计呢？通常有以下几个方面来衡量：速度、自由度、舒适度和有个性的外形，这些因素持续影响着顾客对自己汽车的喜爱或是对某个汽车品牌的痴迷，如法拉利，大众，劳斯莱斯等。

精益求精的过程

设计被定义为一个规划过程，跟建筑师或工程师开展工作的程序很相似。同时，设计也是一种沟通的形式或者说是解决问题的一个门道。车辆设计的美学是一门能够兼顾汽车的款式与功能的艺术，有时，它甚至被认为是设计师直觉与认知能力碰撞的火花，或是艺术学与工程学之间对抗的结果。比如最早的**Mini**，它的设计灵感来自于建筑师路易斯·沙利文的建筑理念，即形式追随功能。比如，1950年的美国，哈雷·厄尔等人建立的镀铬风格。其风格化的轿车则完全是来源于设计师本人的一个直觉反应。

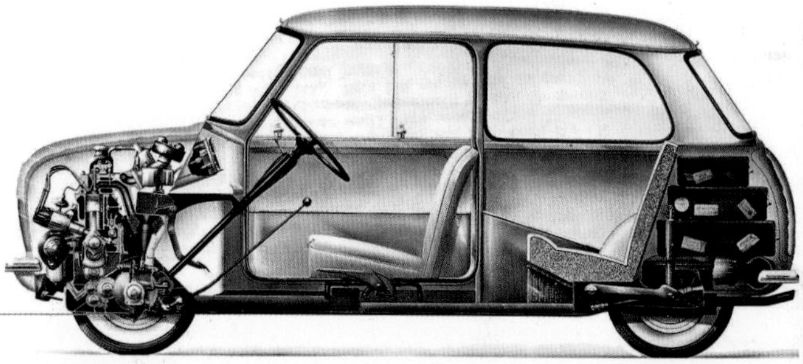

想设计一种更加流行的和被认可的产品。实际上所有的现代设计都存在着这两个极端倾向。这样就会在逻辑性和直觉性、工程和艺术的对立中寻求平衡，而这些就是汽车造型发展历史的特征。

生产那些有卓越特性和功能的汽车是需要引入工程过程的。这些设计师使用的过程或者方法可能已经改变了，但是，所有的车的设计要从草图设计开始，一个主题或者创意可以被逐渐发展完善形成最终的方案。汽车设计是一个高度的实践过程，需要通过审视和改进画图和模型，这些三维模型需要通过一系列的细化和改进才能达到最终的确定方案。这个过程是独特的，尽管有许多先进技术使设计可视化并在屏幕上显示CAD数据模型，但是许多设计师还需要对要量产的物理模型进行签字同意的。

相似，仍然需要个性化

汽车设计并不仅仅是满足功能需要。某种程度上也是需要接近时尚设计的，要体现那些流行和不流行的某些时代的流行元素的出现和消失。汽车工业一直有创新的传统，汽车工业里的具有不同动力系统的概念车会表现出新的风格和创新，包括电动汽车、混合动力汽车、可调的悬架系统、汽车气动外形设计、汽车新的人机和总布置设计等。但是为什么那么多的新概念设计并没有成为主流的制造的产品？

汽车量产的高成本会驰驶汽车制造商采用一些更加保守的设计——尽量少的特征，满足更广泛的市场需求。这是那些成本核算人员的梦想，一种单一的车型生产销售给各地的同一样的客户。但是，我们处在一个不同的时代。有很多新的公司，还有正在成长的市场，还有许多单独的汽车制造商合并起来要成为超级汽车公司，这样成本、技术还有经验就可以通过一个通用的平台和零部件体系共享。但是造型设计是核心，会在汽车上加上一些差异特征，体现品牌价值等。如果你买一辆奥迪TT、大众Golf、斯柯达的Octavia或者**西雅特的Leon**，这些车基本上是相同的，但是买车人可能各不相同。在将来，也许消费者在汽车设计过程中有更大的作用。福特的Mustang在1960年代引入了个性化汽车的概念。每个人都可以有一辆自己的轿车。但是，对于Mustang来说，客户可以选择自己的配置，如舒服的配置或者快背式车型，可以选择发动机，选择自己的内饰和颜色、车身颜色、车轮等，客户就像参与设计一样。当我们发展了更加灵活的制造技术，并有针对客户的个性进行定制的能力之后，这种方式将对未来产生重要的影响。

沟通

设计师现在开始谈论这是情感时代。人们更加认识到消费者是非常感性的生物，敏锐的设计师们也知道，现在的消费者更加“世故”，更加成熟，也更加挑剔，他们希望可以对他们购买的汽车提出更多要求。

J梅斯（Mays）是福特集团的设计副总裁，首席创新设计官，在辩解汽车是工程技术的精品时，他说“我们在做娱乐业业务”，只有设计可以让我们体现出差异性，只有设计才能让我们与消费者沟通情感。

现在市场上有多种多样的汽车造型风格——复古的，技术的，雕塑级的，产品级设计的，玩具式的和经济型的。所有的都是为了满足各种消费者的不同需求，设计师就需要有一个内置的“雷达”去捕获消费者的这些需求。当奥迪汽车设计出TT的时候这个车马上成为建筑师、设计师、媒体人的座驾。奥迪TT证明纯美学的合理设计和精细的造型对人影响巨大，它是非常成功的重量级车型**TT的设计**体现出了技术、精细化、内在自信和高品质的工程质量，这些都是消费者希望在车身上看到的。毫无疑问，设计师努力想做的就是想方设法让那些可以支持或者提升工程和技术的特性能够可视化、被感知。这些特性可能是涡轮增压、四轮驱动、优秀的产品等等科技成为逐渐在奥迪发展并在那个时代融入奥迪汽车品牌的元素。奥迪TT车的设计是汽车设计的典范。可以通过一种清晰的，多数情况下是细小潜意识的方式，表达设计师和消费者间意图的沟通。

那么接下来，设计一辆新车设计师需要用什么样的工具手段呢？这就是形状和形式，显然，更简单直接的就是线和面、对比、纹理、色彩和材料等。所有这些都已用来表现一种设计想表现出来的特征。

所有的设计师，当他们开始面对一个新的设计任务，开始在一张白纸上绘画的时候，他们都想做出一个精彩的作品。但是，这却有很多种方式来实现。许多设计师表示他们希望获得一种与他们作品情感的联系，让车成为可以激发消费者购买欲望的物体。通常使用一些流线型或者雕塑形体让车具有动力感觉，“让车看起来即使它在静止也仿佛在运动”。一些人说，最好的设计是用一些非常容易理解的，用很少的线条，简单定义，明显可以识别出来的特征来表达的。也有一些是可以使用或者沿用一些过去的价值理念，通过应用一些材料和传统的东西来表现。但是对于所有成功的车型来说，车必须是使用面和体设计出来的一件雕塑艺术品。它必须可以与路面协调统一，必须完美地与车轮装配在一起，让轴距、前悬、后悬具有完美的比例，具有平衡的合理重心位置，要有良好的窗户面积和形状，车灯、风窗也要有良好的形体，并且表面和细节都可以提升产品造型特征，用线和面获得完美的总体比例。

举个例子来说，这些年，车的前照灯是如何设计的，大量的时间、精力、资源用到了这些部件的细节上。在普通的车上前照灯的技术和转向的质量都是够人惊奇的了。车的前照灯成为汽车上工程技术和工程品质的反映。好的设计还得考虑这些内容的表达。

对于未来

让我们来看看这个21世纪的新世界，设计师们正在创造我们自己的未来，如汽车制造商们期望的那样，让他们的汽车品牌成为差异化的产品。汽车设计的世界正在改变。现在有一些新问题出现：气候改变，城市化，人口老龄化。所有这些都会很大程度地影响未来的汽车设计。

我们处在一个新的时代，在这个时代，到处堵车，拥挤收费，停车空间有限，安全问题和环境问题突出。所有这些又决定着我们个人和公共交通方式的改变。汽车，这个20世纪产生发展的大规模个人交通的科技杰出成果，现在需要做出一些改变，来适应现在21世纪的社会、文化、经济和环境的发展。

再向后预测几十年，我们相信汽车将会适应和改变。我们仍然非常渴望个人交通，但是，在一些短期的进化和小步的提升之后，我们可以迎来新的革命性的变化。

一些著名的设计师也分享了他们的观点。Chris Bangle直到现在仍是宝马集团的设计总监，他认为车是一个神灵，一些超出形体之外的东西。车是一个个人表情和情感的容器，像你要成为的那个人一样。如果车是一个神灵，那么公共交通就是一个电梯，一个可以带你从一个地方到另一个你个人完全没有联系的地方。这也会是一个全新的分类，Bangle称之为游泳鳍——个人交通工具，像滑板、自行车、平衡车，这些都是整体交通体系的一部分。

汽车工业已经发生根本性的转变，有很多新的公司开始尝试生产汽车。在机动车领域，大部分制造商开发车型目标都是全球的市场，这种情形可能会改变。由于电动车技术更简单，更适应做这样的转变。轻量化材料在制造汽车上的应用将使汽车的生产更加的高效，也会改善环境，不仅是汽车制造的过程，汽车产品本身也能改善环境。

空气动力学再一次占据车型设计的重要部分，这可能最终减小整车的总体尺寸。车型可能更加流畅顺滑，尽量减小夸张的大胆的造型，不需要为内燃机提供大的冷却气流开口。最终的结果就是，汽车将更加适合城市路况，适合变化着的我们所生活的城市的社会文化。

汽车也会彼此通信，与其他的路面行驶的交通工具通信，这样可以找出最通顺的路线，并减小与其他车辆碰撞的风险。在城市里，汽车停下的时候甚至可以成为一个功能设施，变成一个街头特有的景物、一个显示屏，或者一个信息站、一个能源节点。

将汽车新的汽车产权形式，比如汽车共享，这些可能对现有的将汽车作为个人空间和购买行为的设计产生重大冲击。我们还可以设想，汽车内部可以自己清洁，外部用一种可以防止老化保持长新的材料，那将是怎样的情景？

汽车设计师必须对上面的因素做出反应，实现真正成功的设计。好的汽车设计是有对社会问题解决方案，是激发和引诱客户的理想汽车形体，具有品牌特征，外形更加漂亮的设计。

第九章

设计与品牌形象

在提到法拉利的时候，首先映入你脑海的是什么呢？那提到阿斯顿·马丁、宝马、雪铁龙、菲亚特、马自达或者沃尔沃的时候又是什么呢？或者更重要的是，你的感受是什么呢？有趣、兴奋、激情还是冷漠？

你对某个汽车品牌的情感几乎全部来源于你的知识储备、对该品牌的理解或者对其产品的使用体验。但是你的本能反应，你对于美的主观、个人甚至有些不合理的判断又从何而来呢？对于汽车来说，最根本的激情大都是来源于汽车的品牌设计及其底蕴。

一个人对品牌的情绪反应基于众多因素，每个人的反应也都不一样。谈到汽车，单纯吸引人的营销和广告是不够的，其巧妙的造型设计才是让我们认同某一品牌，并最终爱上那些汽车的原因。

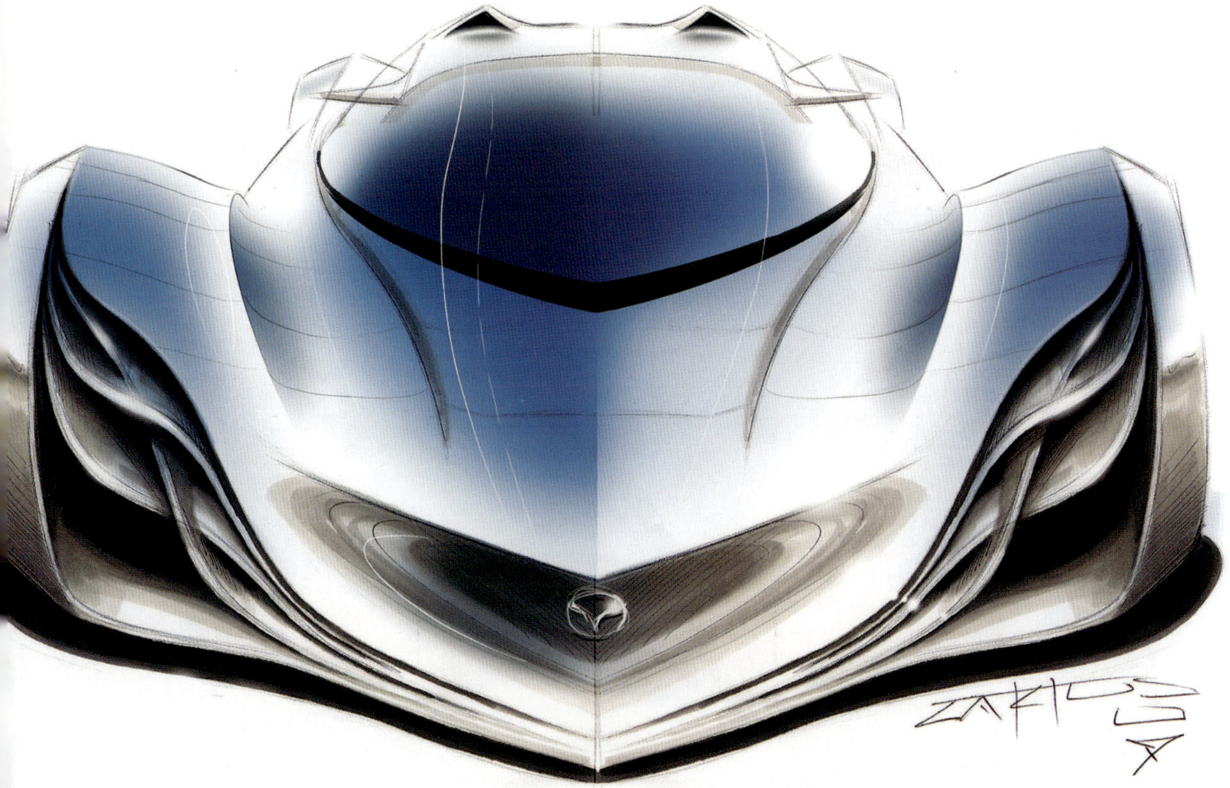

现今的汽车制造商正希望你加入并成为他们忠诚而坚定的品牌追随者。他们希望你买他们的车，即使你支付不起，也要向往他们的车。

对于全球大多数设计工作室来说，仅专注于汽车形式创造的日子已经过去了。制造富有吸引力的理想车型这样简单的任务，如果可以称之为简单的话，已经被设计所超越，“设计”在更广阔的舞台上负责品牌形象和沟通的角色。如今的汽车行业要求汽车的设计要有利于汽车制造商的整体感知。

汽车整体造型的设计越来越以增强其品牌形象为目标，这在当前拥挤的市场中由为重要。如今，设计总监将关注的是其最新款概念车的品牌信息与其创作形式的融合。

在汽车共享组件和工作台之前，区分不同牌子的车比现在要容易得多。那时汽车品牌是私人独享的，而非全球汽车制造商的共享部分。如今，汽车配件的通用性很高，甚至是对手之间的汽车公司也经常从相同的零部件供应商购买零件。结果，在经历一百多年的技术价值进步、安全法规以及报废规定的发展后，车辆之间技术和性能上的差异往往是微不足道的，甚至对很多购买者来说，几乎不能引起他们的兴趣。

在尽可能赋予该产品个性化和独特性的基础上，同时强调汽车的品牌价值，以帮助它脱颖而出吸引买家，在这方面汽车设计做得非常成功。该品牌的特性和身份与其设计传递的信念必须是独特、明确且一致的。为了实现这一目标，汽车设计师发明了一种设计语言，由被公认为有价值的古代及现代设计元素构建。这些元素随后被用于车辆的设计中推出、 增强或转换某汽车品牌的形象。这些设计元素可以是显式或隐式的，尽可能地吸引潜在客户或使其余购车者产生情感联系。

这些元素通常是一个汽车品牌长期演变的一部分。但有时，出于各种原因，汽车制造商会决定大力改善某汽车品牌，改变其品牌价值，并通过产品设计传达该理念以求在市场内打造全新的形象。在这些时候巨大的变化就会发生，这似乎是比单纯的发展更富有革命性的一步。成功进行了形象重生的汽车品牌包括：福特欧洲对其动力学设计主动性的关注、马自达**Nagare（流体）**概念车的发布、雷诺及其成功的触控语言设计。其他包括奥迪、宝马、丰田在内的品牌都曾作出显著的设计变化，以增强或影响他们的整体形象感知。

这个过程从设计师向自己提出一系列问题而开始：自己品牌的核心理念是什么？对消费者而言这个品牌意味着什么？品牌的身份是什么？他们开始关注消费者对品牌的看法，无论其是被有效地传达，或公司是否有意打造这样的形象。只有通过这样的分析，才能老实评价该品牌的定位以及它在市场的认知是如何开始的。

在此过程中汽车设计师需要与市场营销及品牌策略专家紧密合作，以决定如何定位或重新定位自己的品牌。一旦品牌的定义或重定义完成后，他们便开始评估其中哪些设计元素成功为汽车制造商将其品牌价值传达给了消费者，以及哪些破坏了这些信息的传达。在某些情况下，为了改善一个品牌，全新的设计元素也可能被创造出来。将全新的元素与原品牌和外观设计的精华进行融合，从而重新定位汽车制造商的理想品牌。

案例研究

沃尔沃

众多成功进行品牌重塑的例子中，20世纪90年代初确立其设计特色的沃尔沃公司便是其中之一。由于其长期以安全性，坚固性和可靠性作为销售点，多年来沃尔沃已经成为安全车辆的代言人，在消费者心目中变得毫无兴奋点可言。这是数年来车辆品牌设计所传达的信息，然而，当其竞争对手通过提高自身安全性能以大举进军市场后，沃尔沃品牌设计就显得不足了。沃尔沃汽车被认为是笨重、**四四方方的砖形汽车**，随后又被认为是缓慢、沉重甚至呆板的。

该汽车制造商需要改造其品牌形象，使之具有清凉、时尚并简洁的北欧设计特色，以摆脱其笨重、四四方方，而且可以说是丑陋的公众印象。1992年英国设计师霍博瑞彼得提出建议后，沃尔沃的设计开始通过变换其外观来改变消费者对品牌的认知。霍博瑞决心采用更为时尚的设计语言取代其早期汽车的实用型设计。独特的曲面设计和柔和的整体造型成为该品牌设计的一部分，同时霍博瑞也保持了沃尔沃设计风格的核心，如V形发动机罩和直立护栅。通过包括**C70**和S80在内的美丽的设计，汽车制造商已经能够逐步改变消费者对该品牌的印象：除了安全，沃尔沃汽车也具备富有吸引力的设计。

奥迪

奥迪也许可以算得上汽车界转型最成功的品牌了，它成功地建立了产品的视觉设计身份，并确保了该身份在整个媒体界的统一与连贯性。

20世纪90年代初，奥迪开始着手品牌的重新定位及其“高档”背后所传达的品牌价值。其新的关键词定位为人性、卓越、富有远见、充满激情，旨在为奥迪带来更大的情感诉求。

奥迪意识到他们需要建立消费者和品牌之间的情感联系，其管理者意识到购车者不会再因纯粹的实用或理性的原因购买其汽车了，并得到类似沃尔沃公司的结论。

奥迪在先进科技方面表现突出，如它推出的全铝车身系列，1991年由J·梅斯操刀设计的**Avus Quattro概念车**便采用了这一优雅的设计，而后又应用于1994年在日内瓦车展推出的A8概念车。最终，全铝车身被与德国汽车制造商紧密联系在了一起，并促成了其主要品牌价值的传播，被视为技术的领导者。

最终，Avus概念车为奥迪TT双门跑车和敞篷概念跑车的车型打下了基础，这两款皆于1995年推出，传承了奥迪的设计元素，并结合了Avus概念时尚的设计风格，为品牌建立了新的设计语言。这种新的设计语言与既定的品牌口号“突破科技启迪未来”相结合，帮助奥迪在高档车的市场中成功获得一席之地。

今天，奥迪的设计目标仍然是通过形式和功能两方面的和谐以传达“突破科技启迪未来”的品牌精神。奥迪的设计师通过其严格的、明确的指导方针，结合其优质、进取、动感、优雅的品牌形象传达了其技术上的领先地位。早在20世纪90年代，汽车制造商就已经成功地定义了奥迪的品牌身份，在很多方面，它都可以称得上汽车史上最强的视觉形象。

马自达

近年来，马自达的产品毫无例外地经历了一场庞大的设计演变，使用的是至今仍算是新兴的设计元素——Nagare。2006年洛杉矶车展上，该日本新型概念车首次亮相。所谓Nagare，是日语中“流体”的意思，该车的车身设计呈楔形，极具现代感，外部车身样式不同寻常，表面还具有纹理元素。

该Nagare概念车的出色不仅因为它别具一格的车型设计，还因为它与之前三款概念车在视觉上的明显区别。当之前的概念车已经如此成功的时候，为什么汽车制造商还要在其品牌形象方面做出如此显著而危险的过渡呢？

在时任全球设计总监劳伦斯·范·登·阿克尔的带领下，马自达认为它需要更好地传达其品牌形象。当时，该公司的市场营销标识与其著名的“Zoom-Zoom”口号搭配，传达出了对马自达驾驶人一次兴奋又激动人心的驾驶体验的承诺。然而，该工作室致力于在Zoom-Zoom的理念基础上实现一个更新的更大胆的设计理念，希望甚至当汽车静止的时候也可以传达出这种情感。这种对汽车品牌进行根本

性重建的例子是比较少见的，这一改变的风险极大，因为他们有可能会疏远现有的客户。为此，他们成为真正有勇气和远见的汽车制造商代表。

设计师们开始对品牌进行评估，并为品牌特色注入了一系列新的形容词：Zoom-Zoom、年轻、时尚、活泼、富有洞察力、在运动中体现激情、不断创新。在多年后，这些已经成为马自达品牌的基本设计理念。此外，马自达的汽车也都具备了某些特殊的功能、反应灵敏的操控以及出色的驾驶性能。设计团队对此的结论是，这种强大的品牌特性并没有被有效地传达出来，并希望创建一个能重新定义日本汽车制造商的全新且清新的设计审美，一个通过视觉传达，从设计的角度来看可以被品牌所“拥有”的特色。

该设计团队的创意中最明显的元素是其对外观进行的表面处理，这一设计改变首先亮相于Nagare概念

车型，并在随后的四款概念车**太纪**、**风来**、Ryuga和**Hakaze**中使用。这种不寻常的纹理表面旨在即使是静止的情况下也能通过视觉动感以加强马自达的品牌形象。设计师通过使气流或水流略过车辆的侧面来实现这一点。这样的表面设计之所以采用不寻常的质地，是以视觉上明暗来体现汽车的疾驶而过，从而传达了该品牌的动态驾驶特性。随后这一概念成为Nagare系列的基本设计特点，后来也成为马自达的身份认证之一。虽然纹理的表面元素根据车辆类型区别而有所不同，但它很快就成为公认的马自达设计线索，就像其品牌的五点格栅及头尾灯的处理。

第十章

汽车设计的新探索

虽然Murray曾创造过一款轰动的赛车——三座的迈凯轮F1。他设计过很多F1赛车，在20世纪70年代至20世纪90年代间，他设计的赛车可以说是百战百胜。但是，你在英国的GDM公司（Gordon Murray Design戈登穆雷设计有限公司）外却几乎看不到任何豪华的轿车，或是重量级别的SUV，或者是车速高达200mile/h（1mile/h=1.6km/h）的超级跑车。然而，他们设计的更小型、更端庄的汽车塞满了GMD公司的停车场。比如Mini、Polo、丰田IQ、三菱I以及新款菲亚特500等。Murray本人也是老版菲亚特500和Smart的粉丝。所以，你经常能在靠近正门的董事长停车区看到两辆Smart敞篷跑车。

GMD公司的设计向更小巧、更灵活汽车的转变，其实来得并不突然。许多国际工程顾问公司都正在将他们的主攻方向转向构思更紧凑、更轻巧、更经济的车型。而当年快速、霸气的车型已经一去不复返了。GMD公司也无法阻挡历史的潮流。Murray因其激进的风格以及独特的思维方式而闻名于F1赛车。他曾经成功地激发了设计师们自由开放的创新能力。他不

仅创造了一个新的汽车家族，而且还独创了iStream制造平台。Murray认为，迄今为止，轻量级的设计是追求低油耗和低排放的最佳方法。

Murray汽车家族的一款新车型是T25。它是一款微型都市代步车。与Smart Fortwo相比，它的轴距更短、车体更窄，但是却可以承载三个人。而且如果不载人的话，它的承载容积竟然能够达到750L。更令人意想不到的是，它的重量是Polo这样的紧凑型两厢车的一半，不足600kg，因而可以节省一半的成本。无论以任何标准来衡量，它都是汽车行业的一次革新。而Murray也开始在这些主流零部件供应商中寻找有潜力的量产合作商。

Murray T25在尾部搭载了一个汽油发动机。在相同的开发平台上研发的T27电动车则提供了更多的自由发挥空间。特别是涉及主要的机电装置的装配时，它有更多的灵活性。这样，大型的固定式发动机和传动装置再也无法影响汽车的比例和内饰了。因为电池电源几乎能放置在任何地方（但是低高度以及中置的布局方式能够实现更好的操控性和稳定性）。而对于相对紧凑的车型来说，既可以将它放置在轮轴上方，甚至还可以将它放在车轮内部。

如此有自由性的设计对设计师和工程师来说是非常难得的，这次机会反而使他们有些无所适从。他们不仅要重新考虑车辆的动力系统，而且还要思考如何配置、如何装饰、硬点的位置在哪里，以及乘坐空间和行李箱的位置定位问题。早在2002年，美国通用汽车公司就曾提出过一个非常具有前瞻性的概念：Autonomy（自主魔力）概念车将所有的机械部件放置在薄薄的“滑板”底盘内，而车身与底盘是两个分离的单体，它只依靠燃料电池动力系统进行驱动。这样，设计师就可以自由地根据消费者的要求定制不同的车身。

事实上，Murray T25的主要结构与Autonomy如出一辙。所有的机械部件都放置在底盘组件中，它承载着悬架系统与安全带。即使去掉车身，它仍然有驱动系统。因此，它可以轻而易举地实现车身的变更。

以全新的角度去开发

同样是运用轻量化的设计理念，但是却做出了与现有市场上截然不同的设计。它就是瑞士的Mindset概念车。它曾提出了根据配置来进行室内装饰的概念。如果你想颠覆传统汽车的基础，尝试去打造一款全新的电动车，那么它是不切实际的。负责内饰的设计师David Wilkie说到：“许多主流汽车制造商都希望能在低投入的情况下实现最大化的变革。但是事实上，如果你想在毫无基础的情况下做出一个全新的设计，它可变的余地太大了。”

Mindset概念车采用了2+2座位式的豪华轿跑车车身。它的身材高大魁梧，并搭载了电动或油电混合动力驱动系统（见前面几页）。其高品质的极简主义设计风格正好呼应了简单化和轻量化的技术理念。Wilkie说：“我们运用这种风格的原因就在于我们要让这款汽车在设计上和视觉上都呈现出轻量化的风格。我们不想通过在汽车上增加累赘的装饰来使它看起来非常豪华，因为那并不是电动汽车所需要的。然而，这样的事情对设计师来说是再好不过了，因为它赋予我们更多的自由。”

在内饰上，一个简洁而素雅的仪表板，表面极富柔滑质感的高靠背座椅，无不体现了高贵豪华的身份。这些内饰将Mindset概念车的简洁风格表现得淋漓尽致。它的外观设计更是一个经典。硕大而狭窄的车轮强有力地展现了Mindset的混合动力系统。它的设计师Murat GLinak曾在奔驰、标致、大众公司工作过，拥有丰富的设计经验。

Mindset和Murray有一个共同点：它们都没有量产的实力。另一方面，总部在挪威的Think公司曾经两次成功推出了量产电动车。Think的微型汽车City现在已经进入第五代了。当时，有多个欧洲城市都在推行零排放都市汽车计划，City汽车得到了他们的高度认可并被指定为专用车型。然而，与Mindset形成鲜明的对比，City看上去更像是一个缩小版的传统车型。首席设计师Katinka von der Lippe解释说，由于Think公司是电动车的先驱，更重要的是Think公司是一个刚刚起步的小公司，在汽车行业也是一个名不见经传的品牌，所以它的试水车型不可能与主流车型偏离的太远。

她说：“必须让客户意识到这是一款真正意义上的汽车。它同样拥有超强的可靠性，它的驾驶性能和操作性能也都表现不俗。因此，我们打造的电动车和常规车型大致相似。”

然而她补充道，在汽车的细节上，它绝对会与传统汽车分道扬镳。Think也已经在视觉上表现出电动汽车将是未来汽车市场中的中流砥柱。比如，车身面板上都是带有柔光效果的无喷漆美纹胶。它也是企业文化可持续发展的象征，也是支撑Think公司的脊梁。她解释说：“人们总是想把他们独特的一面展示出来。”

当人们对电动汽车越来越熟悉的时候，Von der Lippe展现出了人无我有、人有我优的气概。比如，在2008年的Think Ox概念车上提出了在A柱覆盖一层薄膜晶体管显示器的概念。它可以显示像充电状态或者是升降共享平台可用性等信息。然而，这些改进都像是隔靴搔痒，小型电动车的形式或者造型上也没有看到什么实质性的转变。她说：“Think将会一直致力于汽车领域的研究，并让电动汽车的设计更加明晰。和其他的制造商相比，我们更倾向于将汽车打造成日用消费品。从某种意义上来讲，我们的汽车是私人交通和公共交通之间缺失的一个夹层。个人交通工具仍然是非常重要的一个发展方向，因为消费者仍然会依靠汽车作为代步工具。所以，和日用消费品相比，汽车需要更多的表现语言。

硅谷的焦点转向电动汽车

在美国进行生产和销售一直是Think公司战略的重要组成部分。它也能衡量出到底市场对低排放和零排放汽车释放出多少积极的信号。虽然美国市场上销售的主流五座SUV车型要比欧洲的City大一些，但是这是一个具有开创性的创举。随着底特律三大汽车制造商面临着严重的剧变，加利福尼亚州硅谷企业的全部力量都聚焦于混合动力汽车和电动汽车上，而SUV就恰好诞生于此时。目前，位于科罗

拉多州的能源研究员Amory Lovins已投入巨资开发出一款由轻型复合材料打造的高效节能超级汽车。正是在高强度的外界刺激之下，仅仅在2007年至2008年间就涌现了一批具有可靠性和可行性的车型。而此时，一大批汽车企业正如雨后春笋般涌现出来。然而，加州人在创建企业的时候通常都是抱着死马当活马医的态度。

最先成功的是特斯拉汽车公司设计的Roadster。它是一款以英国莲花Elise汽车为基础的纯电动跑车。尽管这款汽车的价格非常昂贵，甚至在美学和装饰上也没有什么突破性的进展，但是却受到了热捧。2009年，特斯拉公司推出了他们最新研发的四座概念版豪华轿车（见第94–95页）。它是由Franz von Holzenhausen设计的，依然沿用了当前的四门轿跑车惯用的光滑而时尚的设计风格。在紧凑的整体比例下，乘客空间似乎被压缩了。然而，Think公司似乎并没有想过要利用搭载电动动力系统的机会在豪华汽车的标准比例上或是形态语言上实现突破。

在传统市场上有重大进展的就是Fisker Karma。它是由曾经工作于阿斯顿·马丁和宝马公司的设计师Henrik Fisker设计的，Karma是一款插电式混合动力四门豪华轿车。Karma以及与其相关的轿跑敞篷车呈现出来的造型，在传统的汽油动力系统汽车上是不可能实现的。它们都是奢华的风格路线，悬架系统也非常低矮。虽然Karma确实与众不同，但是它还是避免有重大冲击的新形式出现。它的动机同样也是更容易地得到消费者的认可。2010年，Karma在芬兰的瓦尔梅特工厂正式投产。具有讽刺意味的是，Think公司也刚好在这里建立了自己的制造工厂。Fisker装配了通用汽车公司在俄亥俄州工厂的加工设备，他们将用它制造即将推出的插电式混合动力车。这是一款具有里程碑意义的关键车型，而Fisker公司为它选择的视觉元素也成为一个重要的风向标。它将会成为电动汽车研发史上最独特的标志。

主流车型项目

然而，并非所有染指电动汽车领域的企业都是立志高远的新公司，或是拥有零排放理想愿景的工程师。许多大公司也对这个计划趋之若鹜。我相信只要是参观过2009年任意一个大型国际车展的人，都曾对未来的主流车型有过一丝的疑惑。他们无法确定未来的汽车到底是电动动力系统，还是插电式混合动力系统。对于大型汽车制造商来说，能够展示一款电动动力系统的汽车，给人留下的印象是思想开明。这表明他们愿意接受温室效应的挑战。正如奥迪和梅赛德斯–奔驰公司一样，那些正在酝酿中的高性能超级电动跑车的原型，都是由现有的汽油动力系统汽车衍生出来的。随着十年的发展历程，它逐渐显现出了雏形，日产公司展示了一款造型合适并且符合量产标准的电动车。它也是唯一一款拥有很强的可行性的电动车。虽然很容易将它与原型车Tiida区别开来，但是五座小型Leaf汽车在风格主题上并不激进。

让参观者更加兴奋不已的是由雷诺这样的汽车制造商开发出的概念车。它拨开迷雾，让人们看到了未来电动汽车的模样。雷诺的Fluence ZE是一款接近量产的车型，它可以算得上是一款电动版本的内燃动力汽车。Zae ZE是一款电动动力系统的汽车，它的尺寸参数与Golf的家庭轿车差不多。然而它却提出了一个与众不同的设计比例以及许多趣味性的细节设计。这些梦幻的蓝色LED灯和射灯立刻成为电动车的标志性元素。与众多汽车制造商一样，他们也开始大量运用LED串灯来为汽车营造出富有正面特色的品牌形象。

设计师开始在电动车上展示更多富有想象力的设计。他们在电动车上融合了摩托车和踏板车的设计元素，并掀起了微型概念车的设计浪潮。短轮距的四轮雷诺Twizy似乎最大化地利用了所有的空间去承载两个乘客和他们的行李，以此来证明电动车的紧凑性。它还引入了轮罩的概念来减小空气阻力，并降低与行人发生交通事故后的伤害程度。前面板上的六边形LED单元不仅能够实现正常的照明功能，而且可以拼写出不同的信息。

标致的BB1电动车则有了更深入的发展。它的总长明显小于smart汽车，但是却在2.5m总长度中奇迹般地创造了一款能承载四人的汽车。实际上，它是通过采用两个小型摩托车座椅并排布局的方式来实现这个目标的。四个车手平行地跨坐在两个双人摩托车座椅上，电池则被安放在座椅下。Twizy的驾驶人用一个类似自行车把手的装置来控制方向。但是，标志着BB1汽车在装饰上迈出重要一步的元素就是米其林轮毂电动专利技术。

所谓的Active Wheel，其实就是由电子驱动电动、转向器、制动和在车轮内部的悬架系统组合而成的一个车轮。只需要将它机械地固定在底盘上，并与电源、冷却系统和控制系统连接就可以了。它对汽车设计的影响是巨大的。这个装置一下就取代了庞大组件，而这些组件以前往往需要耗费设计师数年的努力。这一系列的组件包括发动机、离合器、

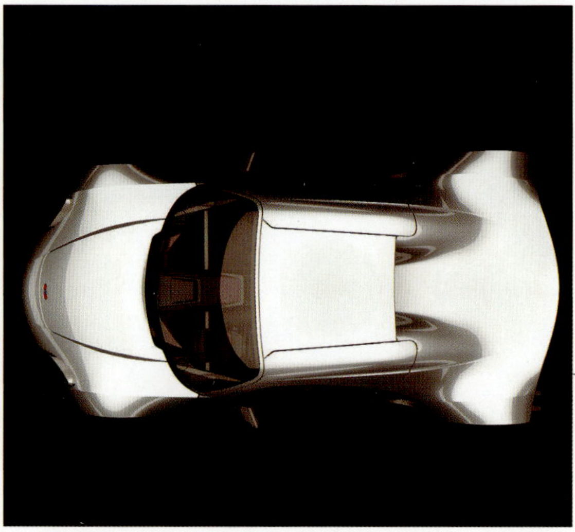

变速器、传动轴、悬架、制动系统、轮毂、散热器、排气管等装置。然而，现在这些庞大的组件将一去不复返了。现在给外观设计师和内饰设计师留下了大量的自由发挥空间，这是以前任何一个时期都无法比拟的。

BB1只是少数几个汽车—摩托车混合创新车型中的一个。虽然这个处于襁褓中的标致汽车并没有完整地进行工程设计，但是标致雪铁龙集团设计总监Jean-Pierre Ploue（让·皮埃尔·普鲁埃）和他的设计团队还是积极地探索BB1汽车量产的可能性。至于米其林的Active Wheel，它曾在一个由法国Venturi公司研发的电动概念跑车上亮相过。从表面上看，发动机中置的紧凑型轿跑车Volage与莲花Exige汽车有几分神似。但当你靠近之后进行仔细观察时，你就会发现Volage的车厢后部几乎完全是空的。Volage汽车采用的是四驱技术，一个大大的空气动力学的凹槽替代了传统汽车发动机的位置，它的底盘也非常简洁。Volage的总重量为1075kg，这也包括与车身结构融为一体的电池。很显然，只需要对这个平台进行小小的改动，它就可以运用在各种各样的汽车上。

一个新的方法

电能动力主要包括的几种形式：纯电池动力、插电式混合动力系统以及燃料电池混合动力系统。这些动力所拥有的巨大潜力使汽车能够实现模块化设计。这样使模块单体在进行拆卸后可以进行重新布局，从而得到一个新的造型或者是组件。**梅赛德斯·奔驰的Blue Zero**概念车（在第五章提及的）采用了不同汽车之间进行三明治车身结构共享的设计理念。它是今后汽车设计蓬勃发展的另一个风向标。

正如Murray T25和法国电动车项目一样，Blue Zero概念车也是利用新技术和新工艺来推进新式组装概念和车身风格形式的实施。然而那些尝试“倒行逆施”的汽车制造商们正身处险境。如果当初采用先进制造工艺来建造Smart的话，最初的**Smart**可能会被更快地研发出来。Gordon Murray设计公司的工程师们对此深信不疑，这一点也是汽车行业所公认的。在制造投资方面，Smart和一辆普通轿车并没有多大区别。设计总监巴里·莱特说：“Smart

是常规汽车的缩小版，我们希望能保证T25的投资比Smart的更低。”

然而，毫无疑问Smart打开了消费者关于微型车的心结，这样给进入这一领域的其他汽车制造商增加了信心。它的竞争者一直拘泥于传统汽车风格，而且大多数都希望在比smart稍微大一点或者更小的尺寸上实现更灵活的空间以及更大的承载能力。最终，通过不断地反思以及对常规硬件的重新布局，他们在三菱Ⅰ和丰田IQ上获得了成功。三菱Ⅰ的发动机放置在后轴行李舱正下方，这样给乘客提供了更大的活动空间。而丰田IQ则将变速器和差速器重新排列在前端驱动平台上，这样使它在不到3m的长度内实现了不对称的3+1式座椅布局。

然而这些微型车都是非常灵活的，而且人们很少会将它们和革新或者突破联系起来。也许在这方面更具有独创性的就是印度的Tata汽车公司。当时三菱和丰田占据了高端都市汽车市场，所以Tata公司只能另辟蹊径。终于，在2008年迎来了Nano的上市。它是Tata公司的老板Ratan Tata为了完成一个资本家的社会使命而设计出来的。他用最低的成本打造出了一款能够帮助印度人们改善出行安全的汽车，使他们再也不用挤在一辆弱不禁风的摩托车中了。Tata公司相信这款物美价廉的汽车可以帮助它们开辟出一个新的市场。

为了能将它的售价控制在十万卢比内（约合1500美元），Tata的设计团队不得不进行技术革新，并提出一些巧妙的设计方案。这些革新就包括在追求轻质化同时尽可能多地装配上各种功能组件。Tata设计团队主要是通过将汽车体型设计的魁梧而紧凑，同时将发动机装配在两个后轮之间来实现轻质化。而简洁的装配则是通过采用一体化成型的仪表板和模块化的仪表单元来实现的。

无论是从视觉感官还是质量上来说，“轻量化”已经成为前瞻性设计的主流。这一点在电动车方面尤其重要，因为燃料电池往往占据了整车重量很大的比例。往往其自身的电池占到总重量的很大一部分比例。轻量化是一个相互影响的系统工程。比如基础框架越轻，那么制动系统和悬架的载荷就会越低，如此一来悬架和制动系统也可以变得更轻。轻量化也意味着低消耗，在相同的车型上就可以装配更小的油箱或电池，从而进一步减轻了重量。

对久经F1沙场的Gordon Murray来说，汽车的重量对比赛结果起到了至关重要的作用。而对于汽车重量近乎苛刻的他似乎也为新一代的都市汽车寻找到了突破点。他说：“轻量化是我们解决能源危机和环境问题的一种方式。不论你拥有什么样的动力系统，轻量化都是最有效的方式。”

轻量化成为T25/T27概念车（图见101页）的核心理念并且巩固了他创新的低能耗iStream生产平台。Murray说，与T25的设计相比较而言，许多龙头汽车制造商在参观了生产车间后对生产平台更感兴趣。事实上，以年代命名的T26和T28项目只是对日本汽车市场和欧洲汽车市场的一次试探。

他说：“所有这些车型都是用iStream生产平台制造出来的，所以它们都具有iStream平台的制造优点。比如，低成本、低消耗以及降低周期磨损等优势。除此之外，它们还装配了具有互换性的车身与底盘。”

Murray说，由于惯性经营以及巨额的资金投放在传统的汽车制造工艺上，汽车制造商习惯性地绕开了汽车制造的新方法。然而，随着环境压力的提升，经济的衰退以及产品的更新换代等，这些因素迫使汽车制造商开始觉醒并推行改革。他评价说，大多数高层管理都是抱着了解并行生产的可能性的心态以及进行一次商业考察的目的来参观Gordon Murray设计公司的。“如果这个设计看上去足够完美了，那么你开始只能进行并行生产。如果顾此失彼，因为新型汽车而失去冲压钢汽车市场的话就毫无意义了。你要做的是在可持续利用的能源上实现突破以及开发出一个能够应对不稳定的市场行情的生产平台。即使是在平台共享的时代，你也要花费成千上万的钱去建造模具、冲压机床以及白车身。而且如果汽车并不畅销或者市场上拥有更好的汽车，那么你就会陷入困境。所以，在冲压工艺平台上的任何一个革新都是需要付出沉重代价的。

尽管Murray的iStream生产流程的革新性是毋庸置疑的，但是它所带来的深层次变化还不能立马展现给顾客。当然，从价格、性能和能源消耗这些方面来说，其优势还是显而易见的。出人意料的是，Murray的首创性技术在非技术领域的影响力远远大于技术领域，比如在品牌价值和可能带来的商业新模式上。

像燃料电池和电池能源这样的新技术已经把制造商从传统汽车工业中吸引过来了。这些供应商没有完全致力于传统的制造工艺（比如发动机制造商和冲压钢厂），他们对新方法更为开放，一级供应商就是这样的。所谓的一级供应商就是主营子系统的供应商，比如电子设备、悬架系统、制动系统。他们可以为任何制造商提供配件。这些潜力巨大的公司唯独没有的就是汽车品牌名称，然而这里却可能是巨大变革的发源地。对于非汽车制造商来说，科技的不断进步以及制造业重要的变革点的临近是一个颠覆行业格局并占据一定的市场份额的绝好时机。像索尼、戴尔、Easy、苹

果，甚至是谷歌这样的全球性知名品牌，它们往往已经深入人心。所以与进入这一领域的后来者相比，它们拥有更多的优势。

这就是Gordon Murray和他的首席设计师安迪·琼斯刻意设计出无商标的T25汽车的原因。琼斯说：“它的风格非常朴素，它的造型也是通用的，因此它对于使用者的性别以及年龄没有任何限制。就像大众汽车的前脸一样，它也没有什么突出的元素，也没有什么经典的设计语言。”

它的整个设计就如同一块洁白的画布，只有精心挑选的品牌才能配得上它清新的外表。琼斯说：“我们曾和一些非汽车制造商商谈生产事宜，结果也十分振奋人心。”

这款车的弧形仪表板设计体现出了与这些新品牌的主要关联因素。也打造了多功能的特性和前所未有的交互式内饰环境，更不用说它还具有轻巧和廉价的特点了。琼斯说：“正如我们在iPhone上看到的，苹果产品拥有一个定制的处理器，运用了触屏技术，可下载地图的卫星导航技术以及音乐播放功能，它们都可以嫁接到汽车中控台上。”

Murray公司开辟的商业模式正是众多积极促进汽车设计走向全新视角的举措之一，它也说明了一切皆有可能。这个蕴藏在背后的变革席卷了整个汽车行业。当然要彻底将它们转化成产品还尚需时日。届时，车载iPod的创新将会彻底改变人们听音乐和听新闻的方式，然而不断缩小的投资规模似乎使汽车行业永远无法经历车载iPod时代。但是现在的情况是，我们比以往任何时刻都要更接近这个新时代。在这个振奋人心的汽车时代里，旧的价值观将会被湮灭，而富有创造性和前瞻性的新思想必将蓬勃发展。

改革的

起源

Gordon Murray如何塑造了T25小型三座车

“这个概念起源于1993年，当时我因为交通堵塞而被困在A3高速公路上。当环顾四周时，我发现几乎所有庞大的汽车中都只乘坐了一个人。在那种情境下，我只考虑到了拥挤，而不是环境污染。”

“通常对于相同组件数目的汽车而言，小型车所用的材料要比大型车少一些。因此我开始考虑整个制造流程的改革。这个生产流程必须是低能耗的，而且具有很高的灵活性。它可用于生产其他类型的汽车，比如皮卡、厢式货车以及城市救护车等类型。”

“我首先从车体的大小着手。2.4m的自然长度足以使它垂直路边停放，而宽度仅有1.3m的它也使每一条车道容纳两辆车并排行驶。”

“我们真的很想夺得城市市场，因此我们一直着重于六大功能。它包括送人到火车站，将车停在车站内，送孩子上学，四口或者五口家庭的周末购物。显而易见，只有小型货车才能满足这些功能。下一个阶段便是确立座位的布局、空间配置以及动力系统配置。我们必须在早期就把这些确定下来。很明显，如果我们想在小于3m的车长内仍然保证有碰撞缓冲区，那么你不得不把发动机安置在汽车尾部。它确实带有强迫的意思。”

“在英国，85%的自驾游都是独自一人出行。但是你不能仅仅依据数据资料来设计一款汽车。你必须走出去并与用户交流，也需要参考Smart这样的案例。即使承载人数很少会超过两个人，但是许多人还是宁愿买稍微大一些的四座轿车。”

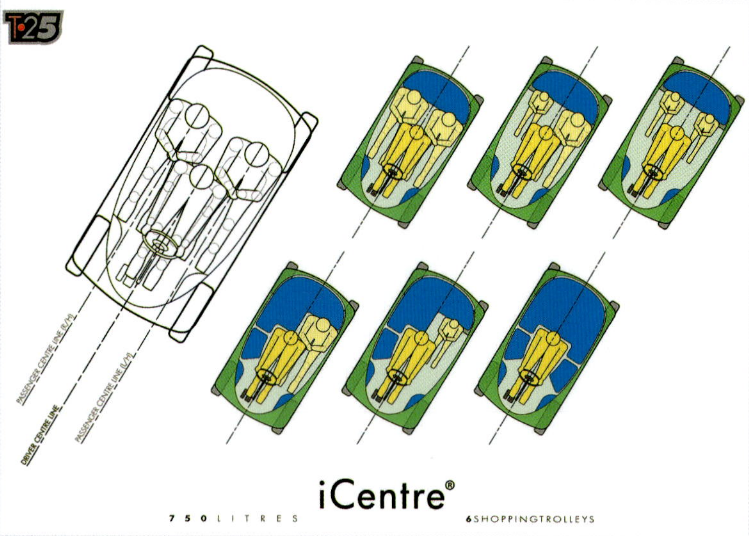

“我们曾经有过这样的困惑：对一辆汽车来说，2.4m的长度是很短的。它要么是单座，要么多于两个座位。而且要在1.3m的宽度内实现并排坐几乎是不可能的，因为汽车在进行侧面碰撞测试时可能无法通过。当然，在舒适性方面也会大打折扣。”

“迈凯轮公司在设计我梦寐以求的F1跑车时就布局的十分完美。那给了我们足够大的市场空间。把握住市场就能最大限度地了解顾客需求。这款汽车将成为首个真正适合消费者的汽车，一款学生汽车或者是一款家庭备用车。它不会是家里唯一的汽车，比如你家里可能还会有一辆Smart。当你想要去购物的时候，你就可以选择使用大一点的汽车，这样你就可以疯狂购物并满载而归。要想承载一个四口或五口家庭一周的食物，可能需要500～600L容积的储物空间。所以我们的目标就是打造一款能够容纳六个购物车的汽车。事实上，我们可以达到这个目标了。如果你将一些东西放置在车顶，那么你将获得750L容积的储物空间。”

“汽车尾部的地板是完全平坦的。它的高度也非常合适，毫不费力就能将物品放置上去。我们尽量考虑到所有的可能性，以全面地满足市场需求。我们也设计了一款小型货车，它看起来也非常敏捷。它的好处就在于我们不用绞尽脑汁去增加它的承载容积。”

“我们也尝试了许多种新型材料，因为我确实不想继续使用冲压钢材。Smart在这方面就有所突破，但是它在tridion安全车体结构上仍然沿用了压制钢结构。我认为大概有130多个部件。如果我们从投资的角度和能源的角度作为突破口的话，那么我们就要摒弃掉冲压件制品。除了少量出自机械加工车间的辅助框架，比如支柱塔帽、支架等等之类的设备，我们的车间不会出现任何冲压制品。它甚至不需要汽车白车身加工厂，也没有电镀车间或者涂装车间。”

“另一件让我感兴趣的事情就是开创定制汽车的先河。如果你使用冲压工艺来建造一款汽车，那么你就会拥有最原始的A级（光滑的外面板处理）曲面车身。但是你也必须要进行电镀处理，然后在无尘环境和半真空的环境中进行喷漆处理。这样当你取出汽车时，你也要保证喷漆不会被灰尘污染。在这种情况下，你无论如何都不会将它移动到几米之外的装配车间。

“我们的生产流程就没有那些问题，因为我们的框架**可以抵抗损害**。它采用了粗复合材料和钢管结合的材料，也没有A级表面处理工艺。这里有一个中心车体加工车间。这些车身都是在注射成型后再转移到其他车间进行喷漆处理的。一级供应商在制作完车身框架后会将它们用卡车运输回来进行装配，因为你只要使用非常廉价的堆装架就可以将他们堆叠起来。与汽车白车身加工厂相比，我们装载集装箱的效率要高12倍。这些堆叠的汽车就像是打包的家具。”

第十一章

改革还是继续?

汽车制造商应该定期推出全新风格的汽车来促进潜销售?或者说他们应该通过模式调整来提升品牌知名度以及依靠技术创新来引发外界的关注吗?这是一个由来已久的争议性话题,而且没有任何迹象表明它已经被解决了。

在过去的35年里,我们一直致力于欧洲主流汽车制造商的标志性政策的研究。同时也对六个系列的家庭掀背车进行了研究。我们希望通过这种方法来找到最好的发展模式。我们的研究结果表明:激进的外观和革命性的风格变化可能会产生短暂的轰动效应,但是稳定的阶段性变革才是实现可持续发展的最佳策略。在五个系列品牌中,稳步发展的大众高尔夫无疑是最成功的一个。因为在1974年至2010年之间,所有系列的高尔夫都继承了它们的家族特性。它也是唯一一个能做到的品牌。

1974年大众Golf Mk1

轻快、清新、纯洁，尤其是现代时尚感的特点是Mk1最主要的风格。乔治亚罗设计高尔夫的初衷仅仅是为了点燃公司员工的热情，因为他们的思维已经变得呆板而且没有冒险的精神了。但是，意想不到的是同时被激发的还有消费者的热情。高尔夫受到了人们的热捧，被视为甲壳虫传奇的继任者，因此它也成为了名副其实的国民车。两厢式掀背风格的高尔夫以其紧凑的空间以及严谨的（但仍然和谐）设计语言启发了一代又一代的模仿者。而它强壮的C柱和向前扭曲的前缘成为高尔夫家族的关键标识。这些元素成为几代高尔夫之间的纽带。

在九年的生命历程中，高尔夫也进行过中期改款。改款的结果是更宽的尾灯和更大的保险杠，它们为Mk1增添了设计亮点。金属板材工艺却一直延续了下来。高尔夫运动型的GTI以及开创性的敞篷车成为了那个时代的象征。

1979欧宝-沃克斯豪尔Kadett D/Astra 1

1979年生产的Kadett D（生产于英国阿斯特拉公司）是Kadett C的继任者。它也是欧宝-沃克斯豪尔公司生产的第一款前轮驱动汽车，也是为了与高尔夫竞争而专门设计的。简洁而方正就是它的设计风格。强壮而且向后倾斜的进气格栅以及硕大的矩形前照灯特别引人注目。它完美的造型深受消费者的欢迎。由于它的问世，通用汽车再次成为强大的小型汽车制造商。

1975福特Escort Mk2

令人不可思议的是，Escort Mk2在高尔夫Mk1推出后的一年就发布了。Escort Mk2是后轮驱动的Escort MK1的升级版，也是一个不错的改进设计。福特公司在Escort Mk2上增加了腰线，使其车体看起来更加成熟。整洁的线条，流畅的曲面，直角发动机舱盖和行李舱盖式的面板，这些特点都非常有时代风格。然而，它最终还是逃脱不了时间的噩梦。

1978菲亚特Ritmo/Strada

1978年由博通设计的Ritrno/Strada在当时是一大焦点，因为它被认为是高尔夫的挑战者。它拥有时尚的外表以及大量标新立异的元素。在它的时代，菲亚特Ritmo可以说是一个传奇。因为它不仅是由机器人装配而成的，而且在细节上也呈现得非常激进。遗憾的是，它的质量和可靠性都很差。为了使Ritmo的设计更加主流，菲亚特公司在1982年和1985年进行了中期改款。尽管进行了改进，但是Ritmo还是没能走出国门。

雷诺9（1981）和雷诺11（1983）

1981年推出的雷诺9取代了风格特殊但是结构复杂的两厢式掀背车——雷诺14。它与两年之后推出的雷诺11都是家用型汽车。它们是法国汽车制造公司尝试借鉴日本式的高效制造方法而生产出的试验品。不幸的是，雷诺9轿车和雷诺11两厢式掀背车的设计都非常呆板，而且可靠性仍然是一塌糊涂。这些致命的错误直接使雷诺将它的老客户拱手送人了。

1983年大众高尔夫Mk2

这款高尔夫的内饰设计仍然保留了乔治亚罗最初的设计元素。1983年的Mk2完全摆脱了Mk1弱不禁风和大窗口的感觉，而是转向了更结实和更丰富的外观形象发展。这也定格了高尔夫未来30年的品牌形象。Mk2仍然继承了Mk1的一些设计元素。比如乔治亚罗为Mk1绘制的带有一定倾角的平面发动机舱盖，非常结实而且平行于侧面的C柱以及全宽的矩形进气格栅。GTI版的高尔夫甚至在标志上镶嵌有红色的边框。然而它的表面轮廓却不够清晰，设计语言也缺少了一点活力。

与MK1相比，Mk2很少去强调玻璃房概念，而是把焦点放在车身上。这个思想在汽车尾部体现的最为明显。矩形的后挡风玻璃与接近正方形的侧窗形成了鲜明的对比。尽管有许多变化，高尔夫形象依然清晰地保留了下来。

1984年欧宝-沃克斯豪尔Kadett E/Astra 2

随着Kadett/Astra步入空气动力学的时代，一个彻头彻尾的主题变革正悄然而至。1984年的Kadett/Astra是一个平滑而圆润的设计，拥有一个高挑而且神似Alfasud的尾部。这个完美的造型与掀背车样式搭配的天衣无缝，尤其是它特有的白色车身。但是它与以前的车型没有表现出任何的连续性。

1980年福特Escort Mk3

这是福特公司的一次重大变革，因为它的主流车型变成了前轮驱动。Escort Mk3风格明快、清新，并拥有许多创新性，尤其是最受人关注的“凌乱背部”的设计。为了满足保守客户的需求，他们将掀背车的实用性与轿车的外观元素结合起来。这对高尔夫来说绝对是致命的一击，尤其在大众高尔夫Mk1已经生产了六年的情况下。

1988年菲亚特Tipo

在Ritmo系列不断衰落，而Uno车型却大获成功的背景下，菲亚特希望找到一款能够替换Ritmo系列的车型，以此来振兴菲亚特的掀背车市场。Tipo是Uno的放大版，它有一个独特的双平行C柱和D柱的后窗。虽然它比竞争对手拥有更多的内部空间，也有镀锌防锈保护车身，但是它却没有Uno那样的神韵。因此，它也没有预期的那样畅销。

1988年雷诺19

雷诺19是由塑造了第一代高尔夫的设计总监乔治亚罗设计的。它拥有洁净和简洁的特点，从设计上来讲是平淡无奇的。但是外型却非常美观，它以两厢车、轿车以及第一次以敞篷车的身份连续畅销将近十年。雷诺19与平淡无奇的雷诺9和雷诺11在造型上还是有一些联系的。它在1992年推出的改款版本也为1995年的梅甘娜铺平了道路。但是，它们也是雷诺复兴时饱受批评的一个“家族”。

1991年大众Golf Mk3

为了符合更严格的安全规定并适应日益增加的商业压力，大众在1991年推出了高尔夫MK3。具有讽刺意味的是，这个最新的车型刚一问世竟然就经历了一番垂死挣扎。水滴状的外观以及水汪汪的前照灯，就像是以惊恐的表情来迎接评论家。这些评论家批评MK3的造型过于普通，而且没有了腰线。这些使MK3不再是人们所熟知的前两代高尔夫的感觉，而是一种标新立异的感觉。呆滞、笨重的外观似乎标志着它已经步入了中年，这个保守的外观更符合大众的线条。这一特点在它慢速行驶的时候暴露的一览无余。车轮矮小而狭窄，同时也缺少减轻车身无定形形态的特色元素。唯一有特点的就是强壮的C柱，它被认为是高尔夫的标志。一个了不起的成就就是要在发散风格的同时也不能偏离最初的轨道。

虽然MK3一直生产了六年，但是它确实也是大众的硬殇。因为它是一次严重的失误，就连高尔夫狂热者都不喜欢它。

1991年欧宝—沃克斯豪尔Astra F

圆润的主题在1991年继续保留了下来，也正是在这个时候欧宝放弃使用Astra这个名称。和谐而整洁的细节设计呈现了舒适性的空间，它使Astra F再次成为最佳的两厢车。当时，汽车设计充斥着平滑的设计风格，包括高尔夫MK3也是这样的设计路线。然而，Astra F却没有随波逐流，避免了不定形态设计。

1986年福特Escort Mk4

在1986年EscortMk4推出后，消费者就认清了它的庐山真面目。其实它就是对1980年的Escort Mk3进行了简单的改造。它进行了少许的细节调整，并在风格特征上采用了圆润的风格，最明显的就是前照灯和格栅。这样的改进可能会符合当时的品位，但是却失去了原始设计的新鲜感。

1990年福特Escort Mk5

这一次福特重整旗鼓，推出了Escort Mk5。只是事与愿违，新闻杂志对新款Escort呆板的车身造型以及不协调的发动机和底盘进行了口诛笔伐。圆润的风格反映了当时的潮流，但是却失去了个性。当年红极一时的畅销车，在随后的几年便慢慢销声匿迹。虽然在此期间福特进行了两次改款，但是仍然无法阻挡历史的洪流。

1997年大众高尔夫Mk4

继1991年大众推出了不受人喜欢的Mk3之后，大众在1997年亮相了高尔夫Mk4。Mk4肩负了太多的使命。它要让高尔夫的形象变得焕然一新，外表看起来更年轻和更时尚一些，从此摆脱笨重而平庸的形象。它通过塑造出优质而豪华的气质来使大众品牌凌驾于其竞争者之上。

它的成果是显著的，以至于十多年以后它和Mk1仍然被奉为最有成就的高尔夫车型。因为大众抵挡住了诱惑，并没有将高尔夫变得更庞大、更丰满。相反，它选择在内饰上进行投资。其高档的品质与豪华的感觉使整个行业目瞪口呆，也使它的竞争对手望尘莫及。

因为在前保险杠区域仍然保留了Mk3的圆润设计，同时也沿用了在狭窄的格栅两侧布局杏仁形前照灯的方式。所以在外观上，Mk4不得不参考Mk1的设计亮点来提供更多的新鲜感。比如，向内倾斜的玻璃窗，简洁、笔直的侧面以及明晰的轮廓。尽管如此，标志性的C柱设计还是保留了下来。在没有肩线打断的情况下，平滑地向下延伸至后挡板。正如所有的高尔夫一样，它将视觉重点强调在支撑柱的结构上。通过巧妙的方式，充分地展现了高尔夫的完整性和轻巧性。

1998年欧宝—沃克斯豪尔Astra G

Astra G比它的直接竞争对手高尔夫Mk4晚发布12个月。也正是这至关重要的12个月，使欧宝—沃克斯豪尔将主动权让给了大众。由于这款车花了很多功夫在细节改进设计上，总体上并没有多大改变。但是，这些对整体影响不大的新设计根本无法入公司委员会的法眼。如果一个品牌系列的视觉元素不能传承的话，那么品牌价值就无从谈起了。从这方面来讲，它进一步削弱了欧宝在人们心中的存在感。

1998年福特Focus I

1998年的Focus I展现了福特最好的设计。为了早日摆脱黑暗的Escort时代，Focus I大胆地采用了富有创造性和想象力的设计。独特的造型，宽敞的空间以及良好的驱动性都深得好评。它是福特New Edge设计概念的巅峰之作。Focus巧妙地运用汞合金曲面，直角切割以及硬点来衬托Focus I伟岸的车身。然而，它的内饰却不太受欢迎。因为它的内饰设计呼应外观中激进的风格，而四门轿车与小旅行车版本车型的内饰设计就更为保守了。

1995年菲亚特Bravo/Brava

1995年，这样的“二重唱”设计取代了原来的Tipo车型。一个制造商同时推出两款车型并不少见，而两款车型同属一个系列的情况在历史上还是首次出现。在相同系列的基础上，菲亚特同时推出了三门和五门两个版本的车型。它们都是平滑而圆润的设计风格，有一些还是受到了Tipo的启发。三门的Bravo拥有跑车风格的车门，而五门的Brava在尾部两侧分别拥有三个单独的菱形尾灯。然而，菲亚特独创性的设计最终还是被产品低劣的品质和很差的可靠性所湮没。所以这个系列也没能发挥出它的商业潜力。

1995年雷诺Megane

梅甘娜对于雷诺的重要性是不言而喻的。1995年梅甘娜系列推出了五门掀背车和双门跑车，次年发布的Scenic又将它扩大到家庭式汽车领域。Scenic是世界上第一个紧凑型的厢式旅行车，它是汽车商业中的一个传奇。在外形上，掀背车型更注重时代感而不是创新性。它也采用更多柔和的曲线以及平滑的弧面来替代了生硬的直线和平面。

2003年大众Golf Mk5

当Mk5出现的时候，高尔夫品牌已经连续六年名列前茅了。它的发布稍微迟了一些，直到2003年年底才出现在公众眼前。在外观上，为了能强烈地体现车主的财富与地位，它再次调整了一些标志性的细节元素。硕大的前照灯单元使前脸更具有震撼力。狭窄的进气格栅移动到更低的位置，同时垂直的镀铬或是涂黑的骨架直接将格栅与下方的进气口相连。这一点在GTI版本上体现的更为强烈。

高尔夫首次采用将挡泥板之间的发动机舱盖向内凹陷式的设计来增加其视觉存在感。通过较高的腰线设计和首次起始于C柱和后挡泥板之间的肩线设计使车身两侧呈现出结实的感觉。但是，这样做破坏了C柱和后挡泥板之间的连续性。尽管这样它依然保留了高尔夫的本性。

值得注意的是，车身侧面轮拱罩上方的面向内倾斜的角度更大了。这样的设计再次加强了汽车的品质和威严。我们可以很明显地看出，大众在利用尊贵的地位这一理念来为高尔夫Mk4提升形象。这反映出大众已经开始部署高端路线战略了。但是真正要实现这一战略，大众就必须要将高尔夫汽车的配置提升到一个合适的水平。

2003年欧宝-沃克斯豪尔Astra H

与前几代相比，2003年的Astra H是一个更保守的设计。它在粗壮的格栅，前照灯以及驾驶舱上融合了更锋利的形态语言来塑造出一个清晰的现代主义汽车造型。这样的造型在当时很畅销，而且足以从竞争对手中脱颖而出。GTC版本的跑车则拥有一个较大倾斜角度的后窗线，它更是成为欧宝公司走上汽车设计复兴之路的象征。

2004年福特Focus 2

Focus 2是一款更传统的汽车。为了使它真正融入Focus家族，它继承了少量Focus系列的标志性设计元素。第二代福特车型并没有延续激进的设计风格，而是在最初的设计中有所收敛。只有从前照灯以及向上延伸至C柱的直角尾灯中才能看到一些Focus的影子。保守的行政风格的仪表板也标志着Focus放弃了在内饰上进行创新。2007年年底的中期改款则通过采用更突出的格栅来加强前脸的视觉感。尽管这个设计与最初的Focus联系的并不紧密，但是它却成功地将Focus的设计引入了现代化。

2001年菲亚特Stilo

Stilo被称为“被遗忘的菲亚特”。它是在外部承包商的帮助下以突破性的速度开发出来的。研发它的主要目的是提升品牌质量和可靠性。三门和五门版本的汽车拥有一个外表宁静、比例完美的尾部。而在内饰上，它也比菲亚特的早期产品有了很大的提升。但是，评论家却批评它缺乏个性。在911事件之后的市场空隙中，这款精心构思的车型因为没有一个良好的开端，而在后来一蹶不振。

2002年雷诺Megane 2

2002年，人们以复杂的心情迎来了第二代梅甘娜的问世。它摒弃了所有最初的设计元素，取而代之的是一个更冒险的设计。它拥有垂直环绕的后挡风玻璃和像臀部一样的掀背式后挡板设计。这个挡板的设计在当时曾引起了巨大争议。Megane 2整个造型是一体化雕刻，而且富有吸引力。所以，虽然它的外表看起来没有竞争对手那么庞大或者那么气派，但是消费者还是趋之若鹜。

2008年大众高尔夫Mk6

2008年的Mk6还没有达到全面改款的程度。高尔夫Mk6只是将Mk5的设计语言锐化了。同时它也在内饰的品质上进行提升，并在功能上进行了完善，比如隔音材料的使用。外观造型已经更加明晰了：大众汽车最新的格栅采用的是一条狭窄的全宽格栅设计，它一直延伸到硕大而后弯式的前照灯上并形成了挡泥板的前角落。格栅中央的大众标志首次插入到了发动机舱盖的前边缘中。虽然它与前几代高尔夫的总体尺寸大致相同，但是所有的小变化都突出了Mk6的水平方向，从而从视觉上增大了它的宽度。

在汽车尾部的设计上也采用了相同的技巧。尾灯上水平方向的条状色块塑造了一个更宽更有动感的造型。从汽车后方看，就能得到一个与众不同的视觉感：一根突出的肩线从尾灯的顶部向前延伸开来。当它处于一定的光照条件下时，给人的视觉效果就是它将车身较低的钣金区域与C柱分开了。C柱仍然保留了高尔夫系列的特质：结实而且向前倾斜了一定的角度。

它再次使整体效果看起来更结实，更饱满。虽然它牺牲了精致和锐利的风格，但是柔和的曲线却使车身侧面给人一种稳重的感觉。这在某种程度上违背了乔治亚罗设计的MK1以及1997年的Mk4的设计理念。最闪光的地方就是它展示了高尔夫汽车元素的演变历程。这在很大程度上要归功于Mk6在标志性设计元素上准确的把握，使品牌的标志性元素仍然清晰如初。

2009年欧宝-沃克斯豪尔New Astra

2009年，Astra系列再次发生了天翻地覆的变化。它采用了曲线风格，同时在更大型的Insignia上采用了更多的有机形态。最强烈的设计语言就是拱形的上梁，一根有肌肉感的肩线从尾灯开始向前延伸，并在到达后轮拱罩前面的门槛时向上翘起。这是一个富有吸引力的设计，但是它却在元素融合中失去了方向。这样它与前几代的连续感就减弱了。

2007年菲亚特Bravo 2

2007年，菲亚特突然想尝试将一款成功的小型车扩大成中级车。最终，畅销车Grande Punto的放大版Bravo 2问世了。这款车使菲亚特在微型车市场中再次成为一方霸主。Bravo 2拥有跑车般的前脸、陡峭的腰线和高挑的尾部。它为家庭式掀背车带来了一些独创性的元素。同时在未来也可能会被作为菲亚特汽车的一个标志性元素。

2010年福特Focus 3

在设计总监Martin Smith的指导下，第三代Focus强势回归到福特元素上来。它摒弃了2004版本中规中矩的外观，取而代之的是一个更创新，更自信的设计。虽然在更小的Fiesta上采用了锋利的主题元素，但是它强烈的充实感却迎合了消费者对家庭式掀背车的需求。

和Fiesta一样，2010年的Focus也有一根陡峭的腰线。它一直从前悬大角度地上升到凸起的后悬，清晰地传达出有活力的感觉。向后缩小成锥形的驾驶舱和被C柱上的嵌墙灯所完全分割的箭头形尾灯进一步提升了汽车的动感。C柱上的嵌墙灯也是前两代Focus的标志性元素。

这种减少严肃而增多雕刻工艺的设计方式在轿车和运动型旅行车上也表现的非常好。它解决了Focus的前几代汽车在比例上表现的非常笨拙的缺点。

在设计元素中，另一个能够体现出自信的就是格栅的设计。一根横栏和一个中置的椭圆形福特标志显示出简洁的风格。椭圆形徽章也通过嵌入发动机舱盖边缘来凸显自己。

2008年雷诺Megane 3

当雷诺公司意识到Patrick le Quement的外观太激进时，他们在第二代Megane上迅速做出了调整。但是这样做的后果就是失去了市场竞争力。所以，Megane 3选择了更保守，更复杂的设计。雷诺希望用这样的方式来维持它的竞争力。虽然Megane 3在三门和五门掀背车之间进行了严格的区分，但是在几代产品之间依然没有很强烈的视觉连续性。新款的设计表现的更庞大、更笨重。与以前的车相比，它们在视觉上没有什么共同元素，这无疑进一步加强了二者的差异。雷诺成功地将第一代Megane传承到第二代了，而且建立了牢固的品牌文化。然而，要将这些元素传承到标新立异的第三代中可能就比较困难了。

第十二章

学生作品赏析

未来设计大师们的创意和灵感

在领略了古今中外的一些经典设计魅力的同时，我们也对当代设计大师的爱好、职责、思想以及他们的工作态度有了一定的了解。我们甚至能够感觉到他们时刻准备着挑战未来。而正在崛起的新一代人才将成长为明日的设计新星，他们将如何塑造21世纪20年代和30年代的汽车呢？他们崇拜的对象是谁，他们的设计爱好是什么以及是什么激发了他们的设计激情？当然最重要的还是当他们主宰汽车世界时，他们将如何塑造未来的汽车？世界各地的汽车设计专业的大学生优秀作品尽收眼底。下面就让我们去倾听他们的兴趣、爱好、激情，一睹明日新星的风采。

姓名：	Paul Nichols
国籍：	美国
年龄：	21
学院/大学：	英国考文垂大学
专业：	汽车设计
学制：	4

你最喜爱哪一款车？法拉利250 GTO，因为它定义了一个伟大的法拉利时代，它也是有史以来最漂亮的一款车。它是一款限量版的纯种赛车，如果要用一个词来形容它的话，就是——生死时速。

你心目中的最经典设计是什么？我心目中的经典设计是泛美金字塔，简洁的风格使它不会被岁月所侵蚀。我之所以认为它是一个标志性的设计，是因为它在经典造型的基础上有了一次飞跃。

你最欣赏哪位设计师？我最佩服克里斯•班戈，因为他没有随波逐流，而是敢于创新。虽然他只在一个汽车设计工作室任职，但是他却影响了整个汽车设计界。

你最想从事哪一类型的汽车或产品的设计？我最喜欢设计概念车，因为它是一个品牌的门户，也体现了品牌的未来规划。我认为每一个概念车设计都是一次机遇，每一次它都将汽车设计推向更高的阶段。

你认为对未来汽车设计影响最大的一个因素：时尚，环境，还是成本？在我看来，不同的汽车，影响因素也是不尽相同的。对某些车型来说时尚更重要，而另一些可能更倾向于成本。然而我认为这三个因素是不分伯仲的，因为这三个因素往往会在一款汽车上同时体现出来。

姓名: Douglas Hagg
国籍: 英国
年龄: 21
学院/大学: 英国考文垂大学
专业: 汽车设计
学制: 4

你最喜爱哪一款车？我最喜欢Reliant Scimitar车型中的GTE SE5A。因为它证明了一款汽车即使不完美也可以很酷。汤姆凯伦所设计的没有阶级界限的汽车使当代的汽车设计仍然深受启发。

你心目中的最经典设计是什么？我心目中的经典设计是兰博基尼穆拉SV。因为它是最先使用中置发动机布局的超级跑车。而且在过去50年中，它一直是最漂亮、最具有影响力的设计之一。

你最欣赏哪位设计师？如果要从中选择一个，还是非常困难的。我比较欣赏一个平面设计师，他叫Mike Okuda（迈克·奥库达）。在20世纪80年代中期，他发明了Star Trek LCARS操作系统。这个操作系统的外观比较独特，而且还拥有一个触屏界面。它被运用在Star Trek（《星际旅行》）节目和电影中长达25年之久，在今天看起来它仍然非常先进。

你最想从事哪一类型的汽车或产品的设计？我想设计一些应有而未有的产品。

你认为对未来汽车设计影响最大的一个因素：时尚，环境，还是成本？我认为当前表现最突出的因素是环境，接着才是时尚。因为无论是消费者还是制造商，他们是以环境友好型为主流评判标准的。而这一趋势在汽车设计上就体现的淋漓尽致。

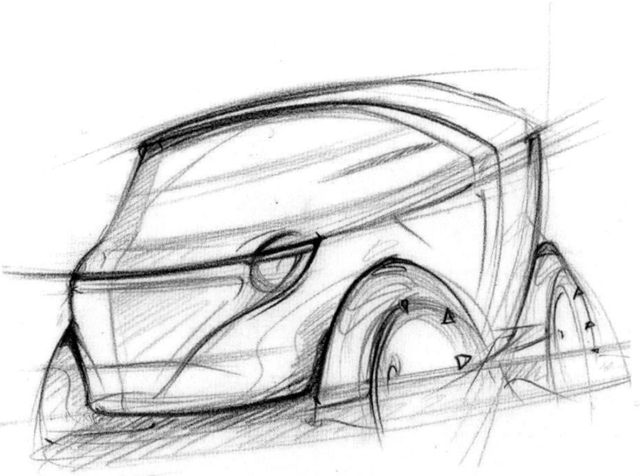

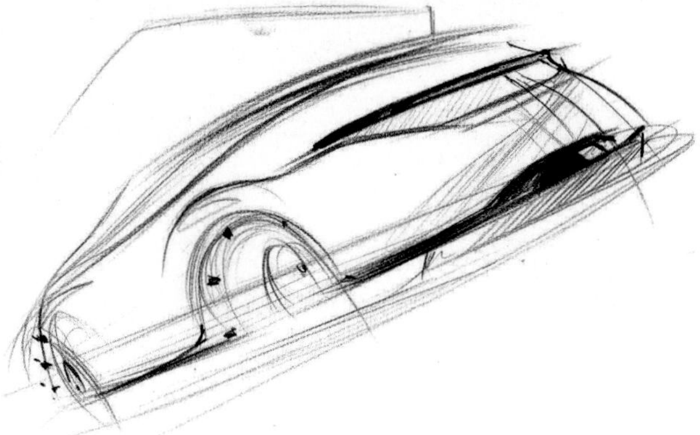

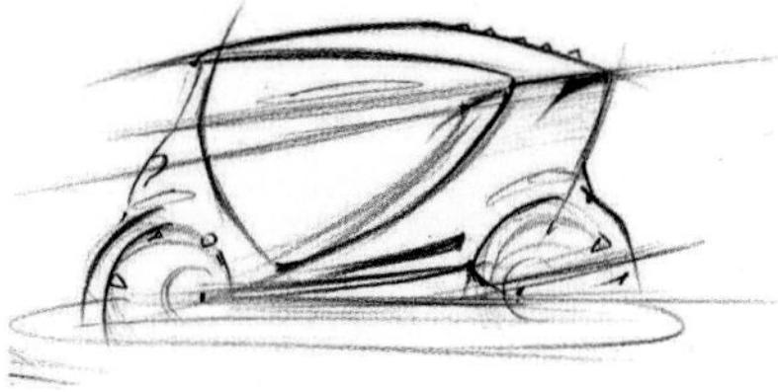

姓名: Louise McCallum
国籍: 英国
年龄: 21
学院/大学: 英国考文垂大学
专业: 汽车设计
学制: 4

你最喜爱哪一款车？我最喜欢白色的路虎LRX。

你心目中的最经典设计是什么？我心目中的经典设计是Arne Jacobsen（阿纳•雅各布森）的蛋椅。它是一个真正永恒的设计，我也非常想拥有一个！

你最欣赏哪位设计师？我最喜欢Frank Gehry（弗兰克•盖里）。他在建筑界的地位就像汽车界的克里斯•班戈。他的作品都非常具有影响力，而且大多数都让人始料不及。

你最想从事哪一类型的汽车或产品的设计？我想要设计一些能为主流消费市场注入活力的汽车，就像福特Fiesta那样的。当然，能设计一些打破传统界限的概念车也是非常棒的。

你认为对未来汽车设计影响最大的一个因素：时尚，环境，还是成本？我希望这三个因素能综合考虑在未来的汽车设计中，我认为这也是大势所趋。环境因素将永远是首要因素，除非气候变暖的状况得到了彻底的扭转。更多更环保、更便宜的汽车将会走进千家万户。

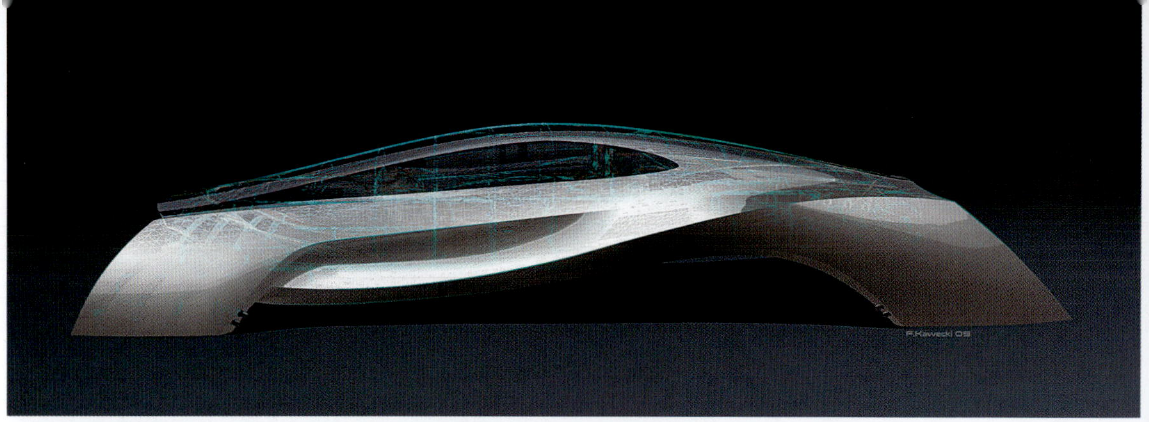

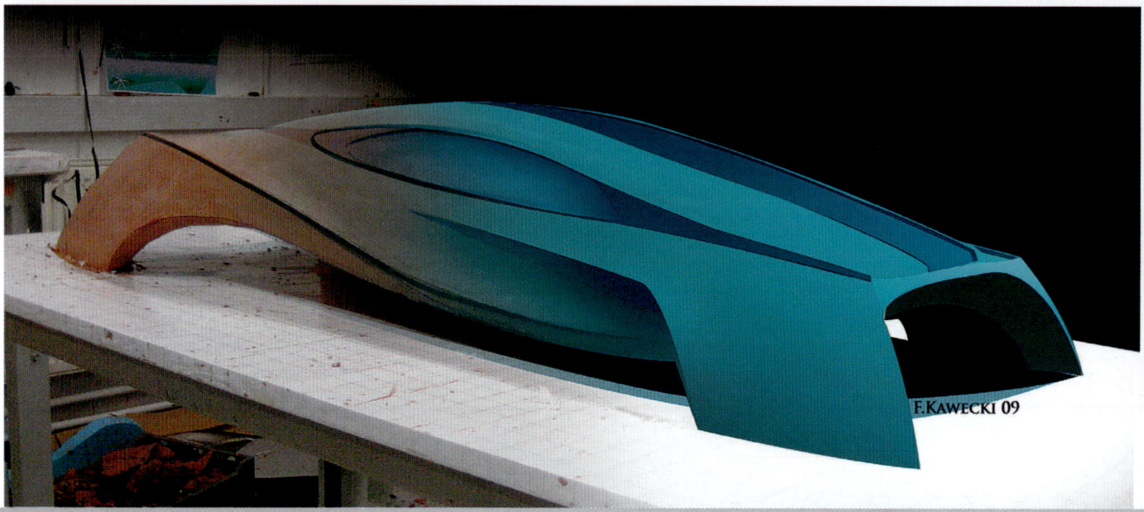

姓名:	Frank Kawecki
国籍:	波兰
年龄:	22
学院/大学:	英国考文垂大学
专业:	汽车设计
学制:	4

你最喜爱哪一款车? 我最喜欢宝马507跑车。

你心目中的最经典设计是什么? 列奥纳多•达•芬奇是我的设计偶像。因为他不仅在设计上，而且在艺术、雕塑、建筑、数学、工程等众多领域都有突出的贡献，这些都深深地吸引了我。

你最欣赏哪位设计师? 丹尼尔•西蒙是我在三维设计、建模和可视化领域最敬佩的设计师。

你最想从事哪一类型的汽车或产品的设计? 我想涉及众多领域，比如汽车、摩托车、轮船、建筑，甚至是生活方式。我深深地迷恋上周围的事物，而且总是疑问这些东西是怎么制作出来的，年轻的我又将怎样去打造一个属于自己的设计。

你认为对未来汽车设计影响最大的一个因素：时尚，环境，还是成本? 我相信环境因素的影响力将远胜于其他两个因素。然而，消费者在不同的时代背景下的个人世界观也会直接影响每一个因素的影响力。

姓名:　　　Ian Barnes
国籍:　　　英国
年龄:　　　22
学院/大学:　英国考文垂大学
专业:　　　汽车设计
学制:　　　4

你最喜爱哪一款车? 我最喜欢的车是随着汽车的不断更新换代而不断变化的。而在此刻,我的回答可能就是像兰博基尼Murcielago(蝙蝠)这样的跑车。尽管它有夸张和奢华的风格,但是它却传承了自己的本性。因为它只想成为一个真正的兰博基尼!

你心目中的最经典设计是什么? 我认为当属118ft(1ft=0.3m)的沃利超级游艇。它激发了我对设计的激情。虽然它的设计主要针对的是细节和外观比例,但是却融入了精确的布局和工业美学的概念。

你最欣赏哪位设计师? 老实说,我还真不知道。作为一个汽车设计专业的学生,我了解的著名的汽车设计师却屈指可数。我常常都专注于视觉效果和车身照片,而并不在乎它是谁设计的。如果不得不说的话,我可能会说日本著名汽车设计师奥山清行。因为他设计的汽车以及在他的指导下设计的汽车都非常棒。

你最想从事哪一类型的汽车或产品的设计? 我喜欢设计概念车,因为它对其他汽车的造型、创意以及时尚都有启发

作用。同时它也摆脱了量产车设计所受到的约束。我一直都积极参与到任何创作性过程的最初阶段中去,提出自己的创意或者绘制出概念草图。

你认为对未来汽车设计影响最大的一个因素:时尚,环境,还是成本? 我认为三者是相辅相成的。然而对制造商来说,最困难的部分就是当它们迈向环保路线时,它们要确保人们会继续购买他们的汽车。同时,假使它们能够负担的起研发成本,它们也要保证研发出来的汽车也必须在各方面都要优于现有的汽车。

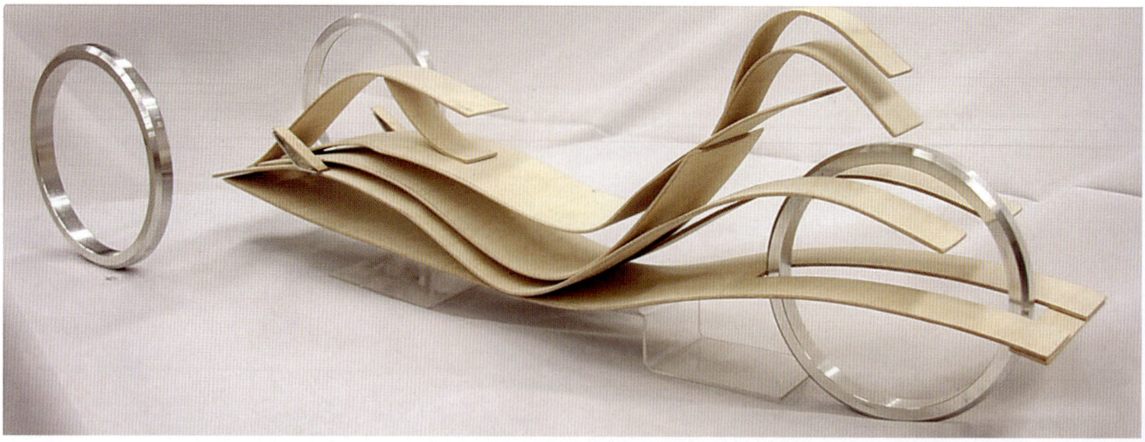

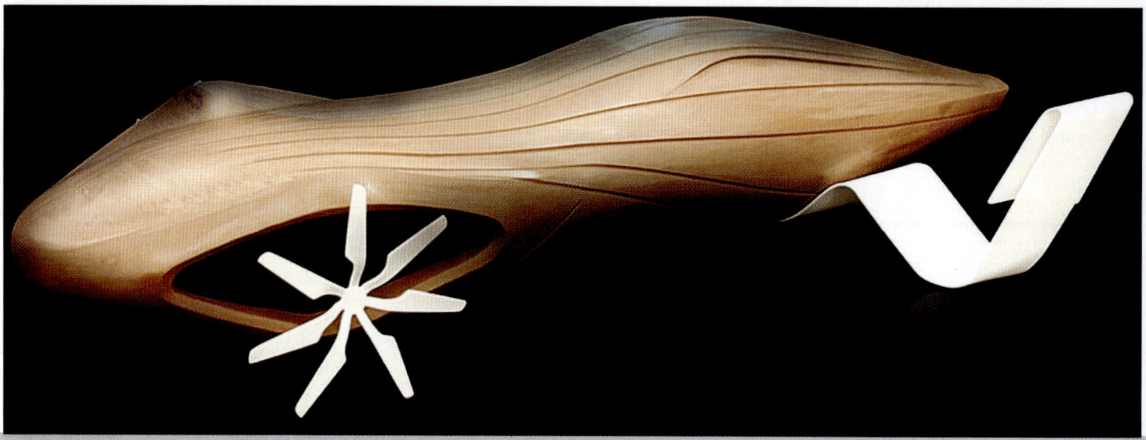

姓名: Graham Hetherington
国籍: 英国
年龄: 25
学院/大学: 英国考文垂大学
专业: 汽车设计
学制: 4

你最喜爱哪一款车？我最喜欢的有两款车。第一个是TVR Tuscan，它让15岁的我迷上了汽车，并立志将汽车设计作为我的事业。当时它深深吸引了我，这也是我上考文垂大学的动力。我最喜欢的另一款车就是法拉利599 GTB。

你心目中的最经典设计是什么？我心目中的最经典设计是Eames椅，因为它是一个永恒的设计。在今天看来，它仍然不过时。

你最欣赏哪位设计师？我最欣赏的设计师是克里斯•班戈。虽然他受到媒体和公众不少的批评压力，但是从来没有改变过他的判断力，始终坚持着自己的信仰。

你最想从事哪一类型的汽车或产品的设计？建筑一直让我魂牵梦绕，因此我想从事建筑设计。我将在现代式的小洋楼不断向乡村蔓延的背景下献身于建筑设计。在未来的几年，我希望能大展宏图。

你认为对未来汽车设计影响最大的一个因素：时尚，环境，还是成本？时尚将始终与汽车设计紧密地联系在一起，因为汽车设计本身就是时尚。但是随着人们对生产更清洁、更环保汽车的呼声越来越高，这使得环境因素将成为最主要的影响因素。

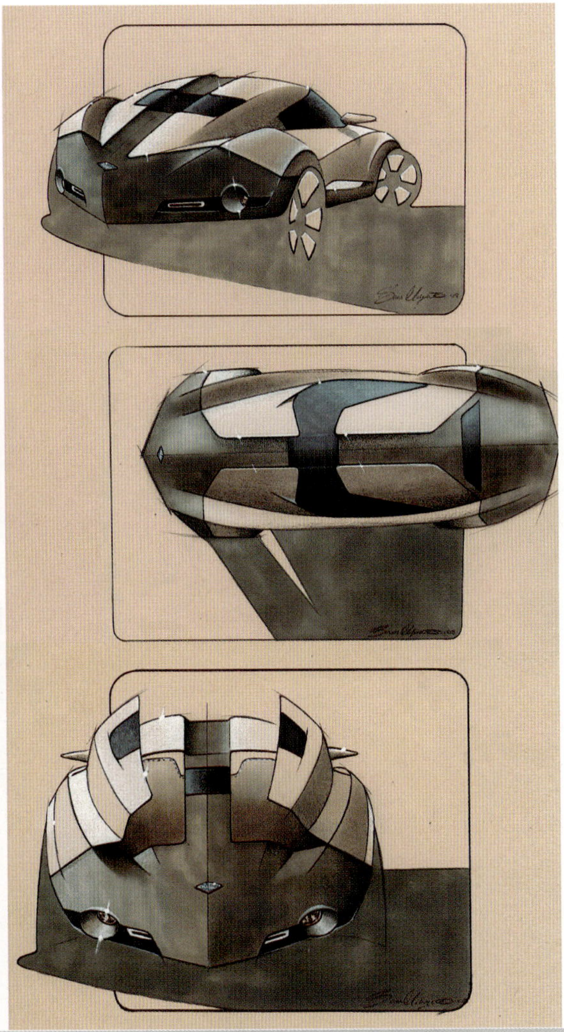

姓名:　　　Sam Holgate
国籍:　　　英国
年龄:　　　25
学院/大学:　英国考文垂大学
专业:　　　汽车设计
学制:　　　4

你最喜爱哪一款车? 1954年的梅赛德斯·奔驰300 SL Gullwing。

你心目中的最经典设计是什么? 我心目中的最经典设计是比约克“机器人爱情”MV中的机器人。

你最欣赏哪位设计师? 我最欣赏帕特里克·勒凯蒙。他对20世纪90年代的微型汽车进行了设计创新,并创建了雷诺汽车标志性的设计语言。

你最想从事哪一类型的汽车或产品的设计? 为奔驰或者是阿尔法·罗密欧这样的品牌设计一款能够代表这个品牌的运动型汽车,它的很多元素都是来自这个品牌的标志性元素。

你认为对未来汽车设计影响最大的一个因素:时尚,环境,还是成本? 我认为是环境。我们需要减少汽车对环境的破坏,只有这样才能更可持续地发展。它不仅对汽车外观有重大的影响,而且会改变我们对个人交通工具的态度。

姓名:　　　Florian Sieve
国籍:　　　德国
年龄:　　　28
学院/大学:　德国普福尔茨海姆学院
专业:　　　交通工具设计
学制:　　　4

你最喜爱哪一款车? 我最喜欢阿斯顿·马丁Vantage,保时捷356 Speedster。

你心目中的最经典设计是什么? 我心目中的最经典设计是保时捷设计的Carrera太阳镜以及阿特米德戴草帽的小女孩台灯。

你最欣赏哪位设计师? 我最欣赏时装设计师梅森·马丁·马吉拉。

你最想从事哪一类型的汽车或产品的设计? 我最想设计一款保时捷911。

你认为对未来汽车设计影响最大的一个因素:时尚,环境,还是成本? 我觉得影响力大小的顺序是环境、建筑与自然、时尚。

姓名: Klaud Wasiak
国籍: 加拿大
年龄: 27
学院/大学: 瑞典于默奥设计学院
专业: 汽车设计硕士生
学制: 2

你最喜爱哪一款车? 我最喜欢奥迪R8。

你心目中的标志性设计是什么? 我心目中的标志性设计是米斯·凡德罗的巴塞罗那椅。它是现代主义与古典风格的融合,同时也塑造了一个神奇的造型。

你最欣赏哪位设计师? 我最喜欢克里斯·班戈。

你最想从事哪一类型的汽车或产品的设计? 我喜欢设计一个能够讲述故事而且有强烈的视觉冲击力和很深的含义的产品。它可以使观众或者是使用者被这个产品的视觉效果所吸引。

你认为对未来的汽车设计影响最大的一个因素:时尚,环境,还是成本? 如今,材料和生产工艺已经有了长足的发展,以至于即使是最经济的汽车也可以拥有高贵的感觉。环境保护已经成为设计过程中的一个重要指标,所以可持续发展的产品也不应该被单独提出来。由于汽车都是带有感性色彩的产品,我认为时尚将会是影响未来汽车设计最主要的因素。这种能够在用户和产品之间建立起情感纽带的本能反应是必要的。

姓名: Andrew Webber

国籍: 英国

年龄: 21

学院/大学: 英国考文垂大学

专业: 汽车设计

学制: 4

你最喜爱哪一款车？雪铁龙SM。

您心目中的标志性设计是什么？我心目中的标志性设计是潘顿椅。

你最欣赏哪位设计师？我最欣赏Marc Newson（马克·纽森）。我最欣赏他使用材料的方式，特别是在座椅设计以及021c概念车上表现的最突出。021c是福特打造的,它是汽车设计的一个典范。

你最想从事哪一类型的汽车或产品的设计？我最想设计豪华汽车。因为它可以给你提供一个自由发挥的舞台。你可以自由地探索新材料和新技术，同时也可以创造一些不会过时的设计来满足消费者更高的要求。

你认为对未来的汽车设计影响最大的一个因素：时尚，环境，还是成本？我认为是时尚。我相信在汽车设计时，环保问题已经不在考虑范围内，而是应当假设车辆或产品不会有负面影响。随着人们对车辆的要求越来越苛刻，时尚必将成为汽车设计的一个主要因素。

姓名:　　Jason Battersby
国籍:　　加拿大
年龄:　　24
学院/大学:　　瑞典于默奥设计学院
专业:　　汽车设计硕士生
学制:　　2

你最喜爱哪一款车？我最喜欢1963年的阿斯顿·马丁DB5。

你心目中的标志性设计是什么？我心目中的标志性设计是可乐瓶。

你最欣赏哪位设计师？我最喜欢Chip Foose（富斯）。

你最想从事哪一类型的汽车或产品的设计？我希望设计一些能够让人们兴奋的产品。当别人看到我的作品时的反应就是驱使我去创造更美丽和更有趣的造型的动力。

你认为对未来的汽车设计影响最大的一个因素：时尚，环境，还是成本？我认为寻找到一个有趣的方式去创造美是设计师的部分职责。毫无疑问，我们必须同时要兼顾到环境和成本这两个因素。但这些因素的影响只是次要的，因为人们追求时尚与脱颖而出的心态是存在的。时尚允许我们去大胆地表现出来，而这些在设计中往往是隐含的信息。

姓名:　　　Derek Chik Kin Ng
国籍:　　　来自香港
年龄:　　　31
学院/大学:　瑞典于默奥设计学院
专业:　　　交通工具设计硕士学位

你最喜爱哪一款车? 我最喜欢萨博 Aero X。

你心目中的最经典设计是什么? 我心目中的最经典设计是新世纪福音战士。

你最欣赏哪位设计师? 我最喜欢GAINAX(佐藤裕纪)。

你最想从事哪一类型的汽车或产品的设计? 我最想设计飞行器和阿西莫(阿西莫(Asimo)是本田公司投入无数科技研究心血的结晶,它身高1.3m,体重54kg,是目前世界上最先进的仿人机器人)。

你认为对未来汽车设计影响最大的一个因素:时尚,环境,还是成本? 我认为是时尚。

姓名: Luis Camino
国籍: 西班牙
年龄: 27
学院/大学: 瑞典于默奥设计学院
专业: 交通工具设计硕士学位
学制: 2

你最喜爱哪一款车？我最喜欢敞篷车。我非常期待能有一个家庭，这样我就可以检验斯柯达Roomster的能力了。

你心目中的最经典设计是什么？我心目中的最经典设计是地铁地图。

你最欣赏哪位设计师？我最喜欢汤姆·马塔诺。

你最想从事哪一类型的汽车或产品的设计？我想设计量产车，我喜欢驾驶着一辆轿车在马路上驰骋的感觉。我们总是渴望获得不曾拥有的东西！

你认为对未来汽车设计影响最大的一个因素：时尚，环境，还是成本？我认为成本因素的影响力最高。而环保只是在如今这个特定的背景下才会成为一个比较流行的诉求。它就和20世纪90年代时安全问题也是一大热点一样，它的影响力不会一直持续下去的。

姓名: Jea-woon Cho-choi

国籍: 韩国

年龄: 28

学院/大学: 瑞典于默奥设计学院

专业: 交通工具设计硕士学位

学制: 2

你最喜爱哪一款车? 我喜欢宝马M1概念车、法拉利250 GT、福特野马GT500和阿斯顿·马丁DBS。

你心目中的最经典设计是什么? 我心目中的最经典设计有第一代高尔夫、老卡西欧手表、卡斯蒂格尼的阿科灯和巴塞罗那椅。

你最欣赏哪位设计师? 我最喜欢丹尼尔·西蒙、扎哈·哈迪德和克里斯·班戈。

你最想从事哪一类型的汽车或产品的设计? 我想设计一辆让人看到一次后就毕生难忘的车。

你认为对未来汽车设计影响最大的一个因素:时尚,环境,还是成本? 我认为环境因素将是最重要的影响因素。它所改变的不仅仅是新能源,而且还有新的生产方式。而另一个问题也将接踵而至:如果汽车的形式发生变化,那么驾驶方式又会如何改变呢?而唯一不变的就是我们要一如既往地享受驾驶的乐趣。

姓名: Michal Plata
国籍: 德国
年龄: 24
学院/大学: 德国普福尔茨海姆学院
专业: 交通工具设计(BATD)
学制: 3

你最喜爱哪一款车? 我最喜欢雪铁龙DS。

你心目中最经典设计是什么? 我心目中最经典设计是回形针和Bic笔。它们都非常简洁、实用,而且永不过时。

你最欣赏哪位设计师? 我最喜欢奥地利的哲学家路德维希·维特根斯坦。他根据他的哲学设计了一栋建筑,这种思维方式使我颇受启发。

你最想从事哪一类型的汽车或产品的设计? 很显然,我最想设计回形针和Bic笔车。

你认为对未来汽车设计影响最大的一个因素:时尚,环境,还是成本? 社会意识形态将会永远主导着汽车设计。像时装、建筑、环境以及成本这样的因素仅仅是社会意识形态的结果。如果要找到主要的影响因素,我们应该从全局考量。而且,我认为一些正在发展的医学理论也可能会对汽车设计有所影响,特别是修复学和矫正法。

姓名:　　Ingo Scheinhütte
国籍:　　澳大利亚
年龄:　　25
学院/大学:　　德国普福尔茨海姆学院
专业:　　交通工具设计
学习时间:　　2004—2008

你最喜爱哪一款车? 我最喜欢阿斯顿·马丁 V-8 Vantage。

你心目中最经典的设计是什么? 我心目中最经典的设计是保时捷911。

你最欣赏哪位设计师? 我最喜欢厄尔文·柯曼达。

你最想从事哪一类型的汽车或产品的设计? 我最想设计跑车。

你认为对未来汽车设计影响最大的一个因素：时尚，环境，还是成本? 我认为成本影响的是汽车的布局方式，而时尚则影响的是汽车的风格。

姓名: Tsanko Petrov
国籍: 保加利亚
年龄: 25
学院/大学: 德国普福尔茨海姆学院
专业: 交通工具设计
学制: 4

你最喜爱哪一款车? 我最喜欢德·托马索Pantera。

你心目中最经典的设计是什么? 我心目中最经典的设计是雪铁龙DS 19(1956年)。

你最欣赏哪位设计师? 我没有最喜欢的设计师。因为我认为人人都有可能成为一名优秀的设计师。每个人都是设计自己的伟大设计师。

你最想从事哪一类型的汽车或产品的设计? 我最想设计出一些尚不存在的东西!

你认为对未来汽车设计影响最大的一个因素:时尚,环境,还是成本? 我认为是环境。

姓名: Dean Bakker
国籍: 荷兰/加拿大
年龄: 20
学院/大学: 底特律创意研究学院
专业: 汽车设计

你最喜爱哪一款车? 没有特别喜欢的一款车。

你心目中的最经典设计是什么? 没有特别喜欢的设计。

你最欣赏哪位设计师? 没有特别喜欢的设计师。

你最想从事哪一类型的汽车或产品的设计? 我最想从事车身设计。

你认为对未来汽车设计影响最大的一个因素是时尚,环境,还是成本? 我认为是所有的这些因素都有影响。不过影响更大的可能是动力能源(比如电能、天然气等等)。

姓名:　　　Frank Wu
国籍:　　　美国
年龄:　　　21
学院/大学:　底特律创意研究学院
专业:　　　汽车设计

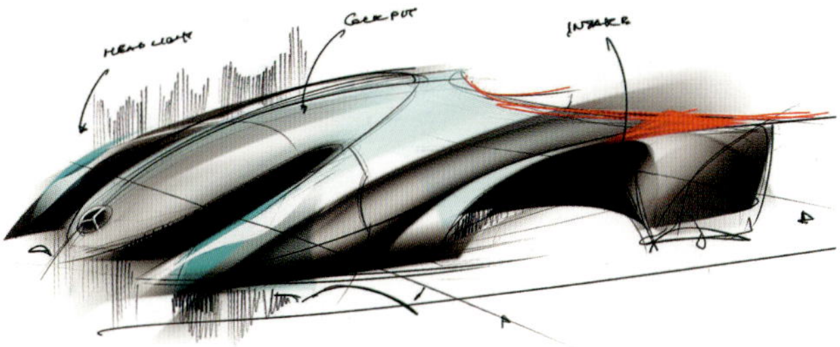

你最喜爱哪一款车? 我最喜欢世爵C8。

你心目中最经典的设计是什么? 我心目中最经典的设计是可口可乐瓶。

你最欣赏哪位设计师? 我最喜欢弗兰克·斯蒂芬森。

你最想从事哪一类型的汽车或产品的设计? 我最想设计豪华跑车。

你认为对未来汽车设计影响最大的一个因素是时尚,环境,还是成本? 这些因素都会对汽车设计产生巨大的影响,但是环境因素肯定会成为影响未来汽车设计最重要的因素。

第十三章

设计

教程示例

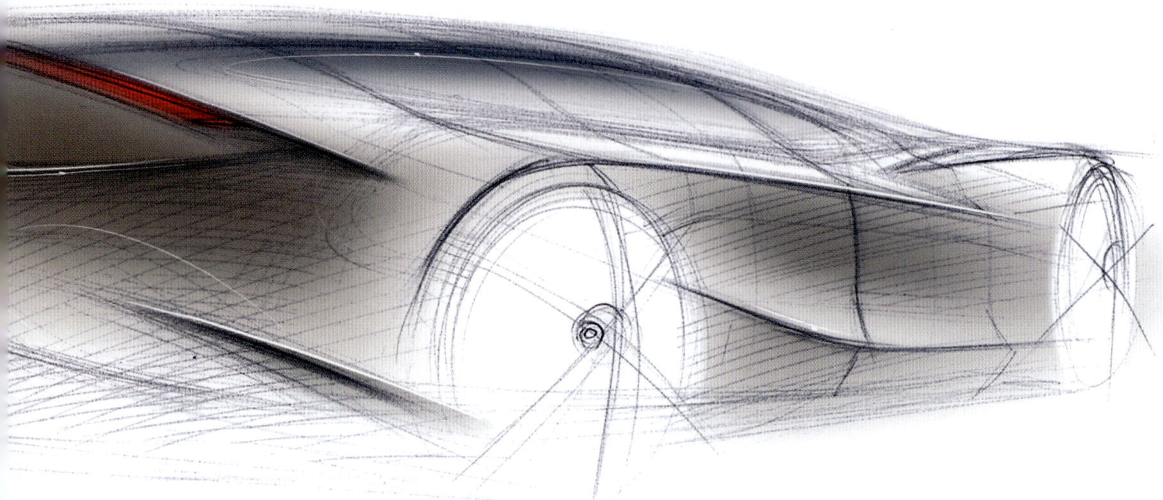

精湛的素描技艺是一个设计师的基础专业技能。专业汽车设计师Allan Macdonald将带领我们学习三个教程，它们分别向您展示如何在快速、高效的同时保证绘图的效果。Macdonald先生是考文垂大学交通工具设计专业的硕士生。同时，他曾分别在奥雅纳设计研究院、MG-罗孚公司和沃尔沃卡车公司工作过。

虽然我们都喜欢欣赏技艺精湛的插画，但是当你成为一个专业的设计师后，你就会发现这些作品只是你将要创作的一小部分。作为一个设计师，你的职责是在短期内想出各式各样的创意，并用其他人可以看到并理解的方式将你的灵感表达出来。精湛的素描技艺对这二者来说都是至关重要的。当你开始练习素描的时候，你可能会很难把握要达到什么效果。这就会导致每一张图都会成为一个费时费力的渲染作品。在画图的时候学会不要苛求完美是很重要的。这样，你就可以绘制更多的作品，同时提高得也更快。在接下来我们的目的就是向你展示一个好的表达方式。我们希望通过这样的展示能使你学会如何将你的概念快速而准确地表达出来。

教程：透视

在绘图时，如果你想达到逼真的效果，那么你就必须对透视规则有一个清晰的认识。一旦你掌握了这些规则，你可以通过将它们变形或夸张的方式来突出你的设计元素。我们这里所要讲的主要是三种基本形式的透视，即一点透视、两点透视、三点透视。而在它们每一种形式之中又有三个基本的要素（消失点、收敛线、视平线）。本教程在基础知识篇中只介绍了一点透视和两点透视，因为在汽车设计中不需要用到三点透视。

水平线

顾名思义，水平线描述的是水平位置的线条。我们经常把眼睛的高度作为水平线的高度。如果一个物体位于视平线之上，那么它的高度就在观察者眼睛高度的上方。因此，我们只能看到它的底面。

消失点

消失点在水平线上，是收敛线的交点。虽然它总是在水平线上，但是它们的位置却是随着观察者角度的变化而变化的。

收敛线

在一个场景中，所有的平行线总是会相交于一点的（消失点）。当然此规则也有例外的情况，那就是当观察者的视线在平行或垂直方向上时是不会相交的。比如在图A中水平方向上穿过汽车的直线。在一点透视和两点透视中，你也可以认为所有垂直方向的线都没有收敛线。

一点透视

当一个物体位于观察者视线的平行或者垂直方向上时，一点透视最为明显。这就意味着，只有当收敛线朝向或远离观察者时才会在水平线上相交于一个消失点。图A就展示了一个非常简单的一点透视，它主要运用在快速绘制汽车的侧视图上。

椭圆

当你画汽车透视图时，最难把握的一部分应该就是画椭圆了。如果你在正面的角度去看一个圆，你看到的确实是一个正圆形。但是如果你慢慢地减小你的观察角度，你就会看到它呈现的是椭圆形。一个椭圆包含一个长轴和一个短轴。在图C中，你可以看到长轴与短轴的具体位置。长轴在最长的尺寸处将椭圆均分成两半，而短轴则沿着最短尺寸将椭圆均分成两半。一个经验法则就是：你应该始终将短轴与你所画的汽车轮轴保持对齐。因此，椭圆的长轴就必定在轮轴线的垂直方向上。那么，最终你要做的就是确保椭圆的角度。

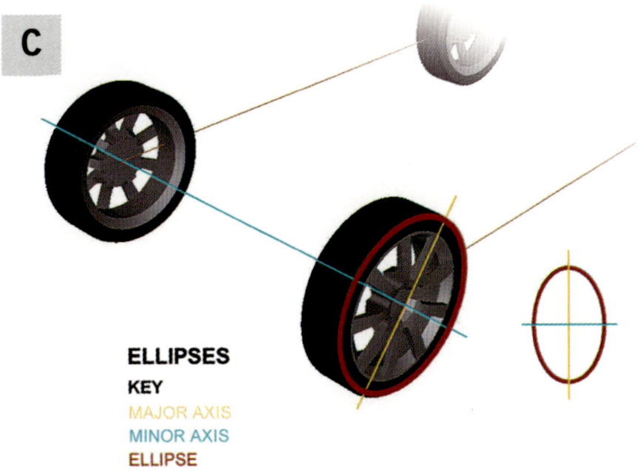

两点透视

正如图B所示，当一个物体以一定的角度放置在观察者对面时，所有的水平线都会相交。因此，在视平线上就会出现两个消失点。而且消失点在水平线上的位置取决于物体与观察着的角度。如果你将汽车进行旋转那么侧面的可见区域将增大，于是右边的消失点将向右移动到图片外面的区域中。

《礼宾车设计新闻》

1 一点透视

A

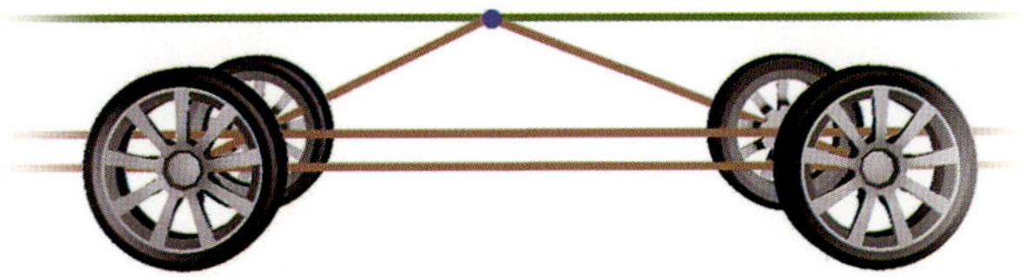

2 两点透视

B

关键词
消失点
收敛线
水平线

一点透视

我开始画草图的时候通常会从侧视图入手。前期的草图阶段是为了让设计师能在短期内寻找到大量的灵感。通过绘制侧视图（通常尺寸非常小），我可以迅速想出大量的方案，而且不必太在意透视的问题，因此可以聚精会神地集中在寻找创意上。唯一需要注意的透视问题就是另一边的轮子。这是由于一点透视中仅有的一些收敛线都是那些远离或者朝向观察者的。

01 你可以看到我首先是轻轻地绘制出地平线和两个轮子的位置。同时，我也大致确定了汽车的肩高。这里需要注意的事情就是下笔要快要轻。这样就方便在后面的步骤中可以更改以及略微地移动位置。当你开始学习绘制草图的时候，经常会犯一个常见的错误：画物体的时候往往会出现偏移。这时你千万不要放弃！你要坚持下去，慢慢地修正你的错误，在细化的时候把线画粗就可以了。

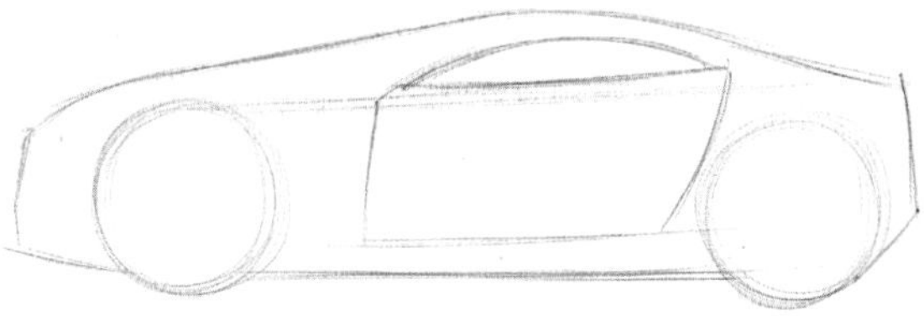

02 现在我通过轻轻地勾勒出中轴线和窗户的轮廓，大致描绘出汽车的比例。画中轴线的时候，要避免前后悬太靠近车轮而将前后悬的长度画得太短。当你看一张照片中汽车的侧面时，你就会发现汽车的四角会向远离你的方向沉降下去。如果你的汽车的前悬或者后悬有很多平面的话，你必须退得更远一点来观察。

03 现在我通过定位后窗玻璃、车顶以及前保险杠的位置确定了车身的上边缘。在画这根线的时候你一定要谨记它代表的是车顶的曲率，而且要贯穿前后挡风玻璃（当你直接从正前方或正后方观察的时候）。比如，你可以看到后挡风玻璃有一定的曲率，到了车顶时就变得平坦了（尽管不完全是平面的）。当四角的曲面延伸至风窗玻璃的位置时，曲率就变得陡峭了。如果侧视图中边缘线离中轴线越近，就说明它们之间的曲面的曲率就越小。

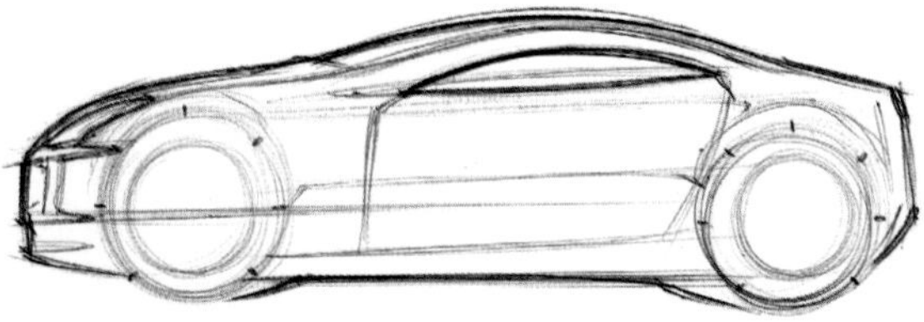

04 当你对大体形态和比例都感到满意的时候，就可以开始着手一些细节了（当然，要谨记这只是一个草图）。我在侧窗和车身下方增加了一些光影。我运用和画顶面同样的方法画出了前转折角。前转折角离中轴线前端越远，在俯视图中就可以看到前保险杠的曲率就越大。

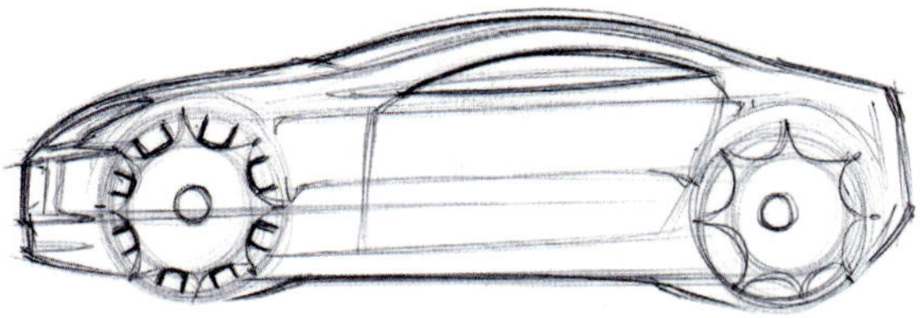

05 这是着色前的最后一步了。在这里，你可以看到我按照我的喜好在车身上增加了一些细节，并且增加了一些车轮的细节。在轮拱的细节上多花点功夫是值得的，如果你能正确地描绘出空间结构关系，它会让你的草图效果增色不少。值得注意的是，当你画草图的时候，线条要做到有力而且放松。只有通过坚持不懈地练习才能够达到这个境界。

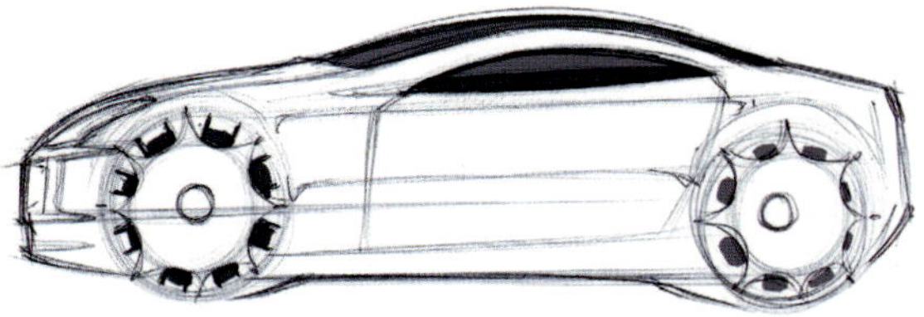

06 当你对设计概念和草图比例都比较满意的时候就可以开始上色了。首先我会用深灰5号或6号的马克笔在窗户和车轮上简单地涂上阴影。记住这一步骤不需要特别精准。然后，我加深了车窗下部区域以及前轮的颜色。等马克笔的颜色干了以后，再次进行颜色加深。我只加深前轮不加深后轮的原因是我想让画面看起来更有动感。如果你的草图没有明暗对比，那么你的画面效果将看起来没有立体感。

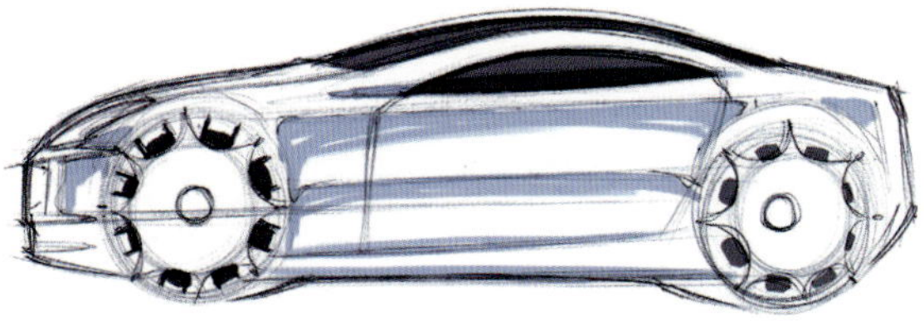

07 这一步需要你提醒自己不要太吝惜这幅草图。这样你才有望使你的草图变成一幅漂亮的作品。但是，要想快速而且放松地运用马克笔绝非易事。这些线条代表的是周围环境反射在车身侧面的投影。你可以看到，我会继续画出车窗在车身上的投影并且把紧邻肩线下方的部分加深。我在车身侧面的中间位置轻轻地涂上了颜色，它代表观察者身后的地平线的反射光线。这一步骤需要谨记的要点是，用笔要放松，而且最好选择浅色的马克笔。

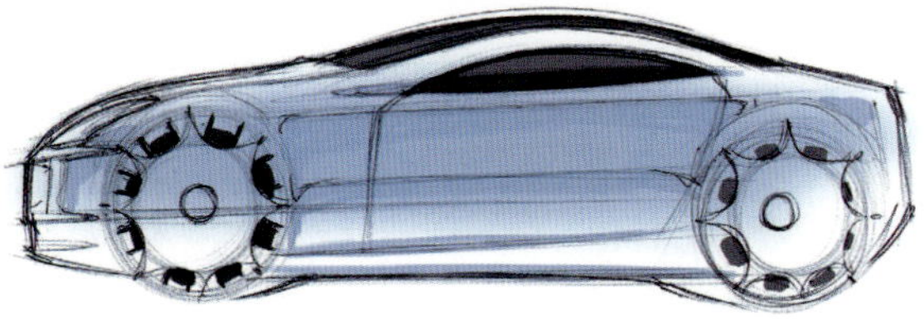

08 这可能是草图中最简单的一步，但也是最能体现效果的一步。只要选择一只和你刚才使用的颜色的色调相似的浅色马克笔，并以肩线下方为中心沿着车身大胆地涂刷一遍。这里不需要担心画出边界。

09 你现在进行的就是草图绘制的最后一步了。用一块橡皮擦轻轻地擦去汽车上所有向上倾斜的连接端面区域中的浅色色块。这样，一个三维效果的汽车就呈现在你面前了。现在草图已经绘制完成，你可以收工了。任何人都能清晰地看到你所要表达的三维效果。然而，如果你想加一些高光的话，你只需要增加一些细小的亮点就可以了。

10 你可以使用喷枪工具喷涂出一个贯穿车身的动感模糊线条（这在PHOTOSHOP里很容易做到）。然后你在车身所有向上倾斜的连接端面上喷涂白色的光晕效果。如果不想让车体走形的话你就要谨记：你要非常小心地喷涂，因为你的目的只是增加一些高光而已。

平两点透视

当你运用我们刚刚讲过的方法画出侧视图之后，你一定也想表达出汽车的前面和后面的造型。如果不想用前视图和后视图来表达的话，那么你就不得不用两点透视来绘制。然而，在前期草图阶段，如果你想画出一幅漂亮的透视图，那么你肯定不能走形太多。正是因为这样，我喜欢以平透视的角度去绘制。从本质上讲，它是有一定的视觉角度的。只不过是从较低的高度来看汽车，所以所有的收敛线相交于视平线上并穿过车辆的中心。

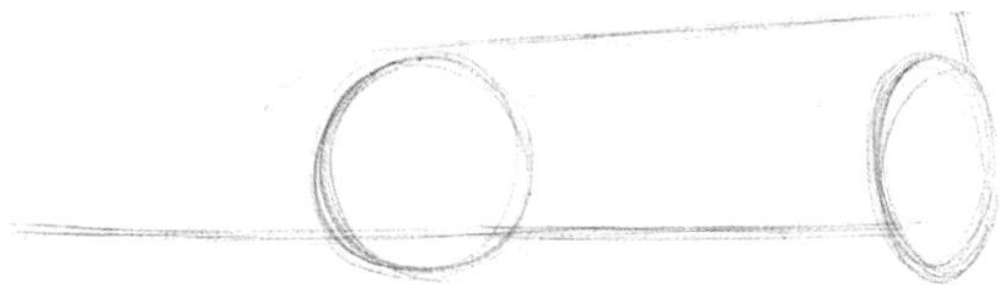

01 你可以运用画侧视图类似的方法开始绘制草图，先画一根地平线和两个车轮。然而，你可以看到在透视图中后轮是椭圆的。如果你想看到汽车前脸的更多区域，那么后轮的椭圆就要画的更小。记住下笔要轻，这样方便以后的调整，因为画透视图比画一个简单的侧视图更容易出错。

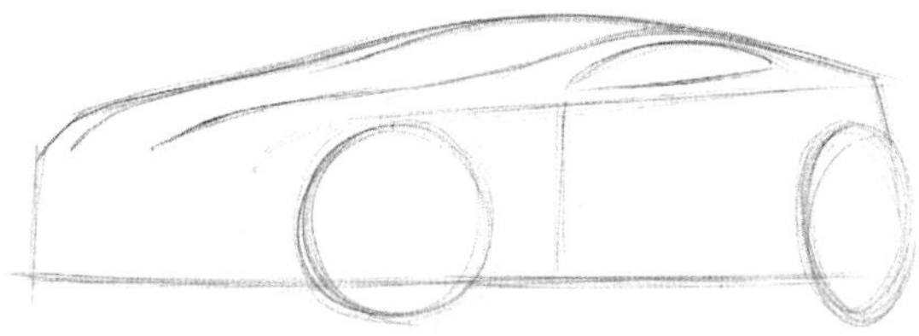

02 在这一步，我将大致勾勒出汽车的轮廓。首先我将轻轻地描绘出汽车大致的比例和主题。这个时候我可以通过调整一些汽车的布局来得到合适的比例。比如，改变车轮的位置等。如果在这一阶段下笔很轻，那么你就可以在不破坏草图的情况下做出调整。要谨记一个技巧：平面越垂直，它上面的中轴线就越清晰。

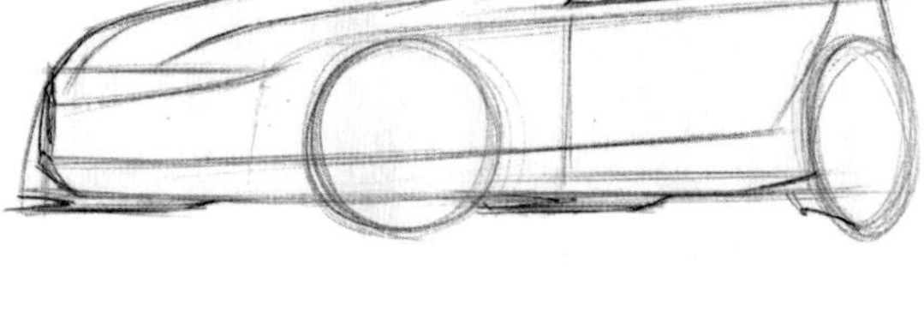

03 在这一步骤中，你可以看到我已经增加了汽车内侧的两个车轮。设计师经常使用的一个技巧就是，让汽车的前轮变得夸张，让它的位置超出汽车前端。它形成的黑色背景与车身形成了鲜明对比，这样就突出了保险杠的造型。在这一阶段我仍然在使用很轻的笔触去增加一些元素，并对必要的地方进行一些调整。

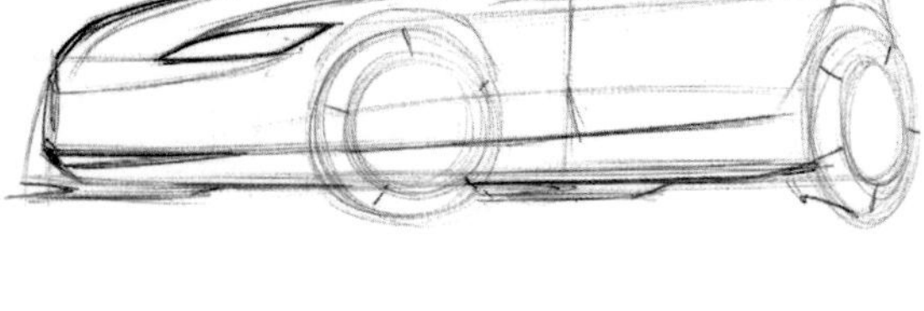

04 当你对你的概念和比例都感到满意的时候，你就可以开始着手加深你想强调的线条了。这些线条通常代表的是你的设计亮点。至于其他的一些线条用很轻的笔触就可以了，比如表示车身表面转折的线条。因为如果用色彩和阴影来表现这些区域的话，表达的效果会更好。

05 这是上色前的最后一个步骤了。为了更好地表现出汽车的表面，我勾勒出了一些细节并增加了一些浅淡的线条。要特别注意的细节是，肩线是如何贯穿前轮并下降到保险杠的右上角的。

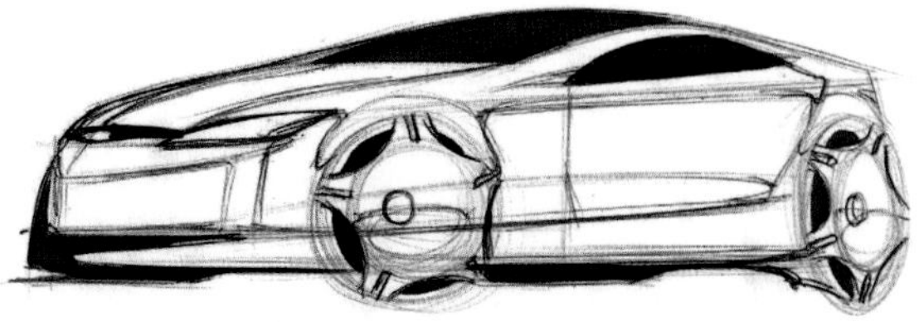

06 现在你就可以渲染你的作品了，这个过程与前面画侧视图的步骤非常相似。和侧视图一样，我也是用深灰色的马克笔在所有的窗户上涂上黑色。我在窗户上用黑色色系而在车身上用浅色色系的原因是为了增强表现效果。因为有强烈的颜色对比，所以汽车的造型和形象一目了然。

07 这一步同样是按照侧视图的上色步骤进行。你现在可以用马克笔上一些浅色来表现车身表面的反光效果。为了保持简洁和轻松的感觉，不要用马克笔涂得太多。你也可以看到我将中轴线另一边的远端面上都增加了阴影（除了保险杠上倾斜向上的连接端面）。这有助于突出这些表面的曲率，同时可以让你的作品有强烈的立体效果。

08 这一步骤和前面画侧视图的流程一样，这个阶段也是草图绘制中最简单的部分。仅仅只需沿着车身快速涂上一层浅色就可以了。

09 这一步骤同样也要用到橡皮。首先擦出汽车上所有的高光面，包括车轮上的辐条。当你擦拭车身表面上平滑的弧面倒角时要做到非常轻柔。因为一旦用力过度，这条锐利的边就意味着车身上有一个锋利的尖角。

10 最后，如果你愿意的话可以增加一些柔和的光晕效果。

全两点透视

全两点透视是这三个例子中最难把握的，因此在动手画这类视图之前，我通常会等到我的脑海中刻画出大致的轮廓。然而，学习全两点透视是很有必要的。因为在单视图中我们无法观察到总体的结构关系，而你从下面的初稿中就可以看出这种透视的结构关系。所有的平行线都沿着车身侧面并贯穿至汽车的前面或者后面，最终相交于一点。这就很难明确如何定位斜肩线这样的线条了。有一个比较好的练习方法：先简单地画一个立方体或者长方体的透视图，然后在每个角上加上车轮。当你有了一定的感觉之后，你就可以开始增加一些简单的元素在这个方体上面，使它看起来更像汽车。在你能够凭直觉画出大致轮廓的时候，你就可以舍去画立方体这一步骤。

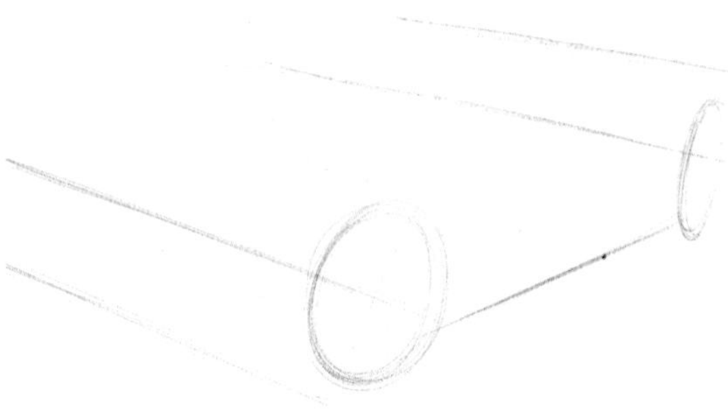

01 首先我画了一些简单的参考线，它们大概描述了透视的收敛位置。在这个基础上，我画出了车轮。就像之前说的那样，椭圆的长轴与车轮轴线是相互垂直的。记住这里要轻轻地下笔，因为你可能会在后面的步骤中根据需要对椭圆的位置进行调整。

02 在第二步中，我构建了一个简单的汽车侧面。你可以看到：汽车肩线在汽车后悬形成一个后角，并贯穿车身形成了车身侧面。通常，最简单的绘图方式是，在增加轮拱罩这样的细节表面之前，先找出车身上最主要的几个面。你也可以看出，为了方便找出前门门缝线的位置，我会先定位出它所在的车身侧面。

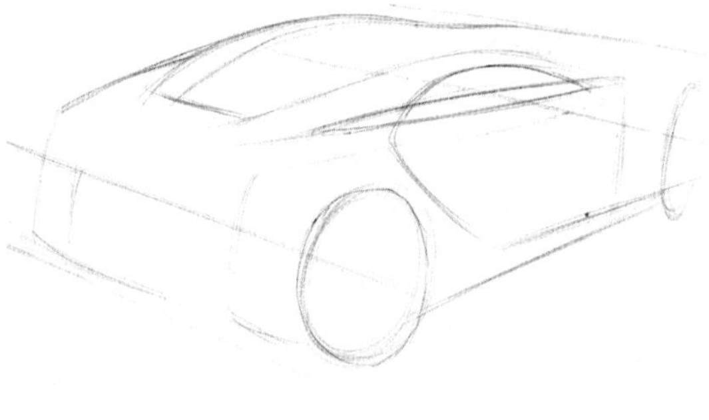

03 这一步是透视图中最难的一部分。你现在必须弄清楚一件事情：之前离你很近的面移动到远端后将会如何呈现。这其中最关键的一步就是你要理解透视的基本法则和原理。在这一步骤中，你可以简单地画几条参考线来辅助画图。它可以确保你的草图有动感、流畅以及自然的感觉。如果能在你的桌面上放几幅相同视角的汽车照片对塑造绘图感觉大有裨益。和前面的步骤一样，我首先画的是最主要的面。另一个值得注意的是，向内倾斜的侧面窗户是如何消失在汽车远端的边缘。

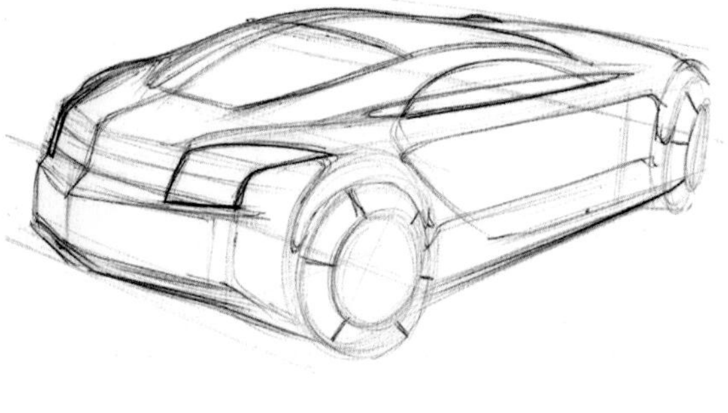

04 当你对汽车大致比例比较满意，并且主要部位的透视都正确之后，你就可以加上其他的细节了。这里要注意在图中我是如何利用汽车的中轴线来突出表面造型的。你也可以看出，为了使汽车尾部的曲线变得夸张，我画的远侧尾灯几乎脱离了车身。

05 最后一个阶段是用圆珠笔绘制的。这一阶段主要是在草图上增加一些汽车内饰以及车轮细节。在内饰细节的绘制上，你不必花太多时间。因为你只需要大致介绍一下内饰的形状就可以了。

06 我用两种饱和度的马克笔给汽车内饰上了颜色。如果你有两种颜色的马克笔，你就可以得到四种色调的颜色。通过使用两种等级的深灰色马克笔，你就可以绘制出很均匀的渐变效果。如果你眯上眼睛看草图，你看到的应该是整个车窗而不是几个独立的色块。而当你用同样的方法给车身上色后也能看到同样的效果。这就是给车窗选择一个合适的深色色调，而给车身选择浅色色调的原因（反之亦然）。

07 现在，就可以开始用浅色的马克笔给车身上色了。注意上色的时候，颜色不要过于杂乱。我同样在汽车最远端的边缘加深了一些颜色。你也可以尝试像在平两点透视教程中画的那样，在中轴线的另一侧涂上色块。但是要注意的是，倾斜向上的连接端面是不能上色的。

08 当给两点透视草图喷涂上色的时候，很容易使阴影看起来非常杂乱。那是因为你想准确地呈现出每一个面的阴影。我总是会保持克制，只涂两个大的区域。就像侧视图的画法那样，一块贯穿车身侧面，而第二块就是最远的端面。这样就给接近观察者的区域进行了大片的留白，给草图赋予了强烈的立体感。

09 最后两步既快速又简洁。首先用红色马克笔或者铅笔快速地将尾灯涂成红色。然后，运用前两个教程一样的方法，轻轻地擦出倾斜向上的连接端面。

10 最后一步就是用喷笔增加一点光晕的效果。

《礼宾车设计新闻》

Photoshop渲染教程：Cor Steenstra

引言

在草图完善的过程中，我很明确我要突出表现哪些元素，无论是构建框架的分区线，还是简化了的区域。如果你递交的对象是决策者，那么你就得突出你的设计亮点，而弱化其他的区域。

习惯上，我喜欢将初稿作为底图，并在上面加深一些需要突出的线条。然后，用马克笔上一些阴影和高光来增强它的立体效果。如果你上色过于随意，它看起来会非常粗糙。如果太仔细，它又更像是一张精致的效果图，而且费时费力。另一个缺陷就是，它会“覆盖”你的特征线条，这样你就会丢失一些设计亮点。

我并没有试图摒弃传统画法的任何要素，只是现在的方法可以用初稿更快速而且更好地绘制出效果图。它不仅最大限度地展示了最初的设计概念，而且在传达设计概念的同时进行了效果演示。这是一个好的推销方式。

接下来的几页将逐步向你展示快速制作出一个效果图的流程……

首先，将你认为满意的初稿扫描出来。扫描尺寸一般根据你扫描仪屏幕尺寸的大小来定。一般情况下，图片的尺寸设置在1024像素×768像素到1600像素×1200像素之间（或者更大的尺寸），然后设定打印尺寸。

无论你的草图画在质量很好的马克纸上，还是画在‘In-n-Out Burger’餐厅的餐巾纸上。这些都没有关系，因为它只需要你喜欢的和你想要呈现的东西。将扫描的图片导入到Photoshop中，复制图层，删除背景图层，并将复制的图层的透明度改为35%。这时候你可以看到草图，而且它还有白色的背景。当你完成这些步骤后，将底层的草图图层设置为不可见。

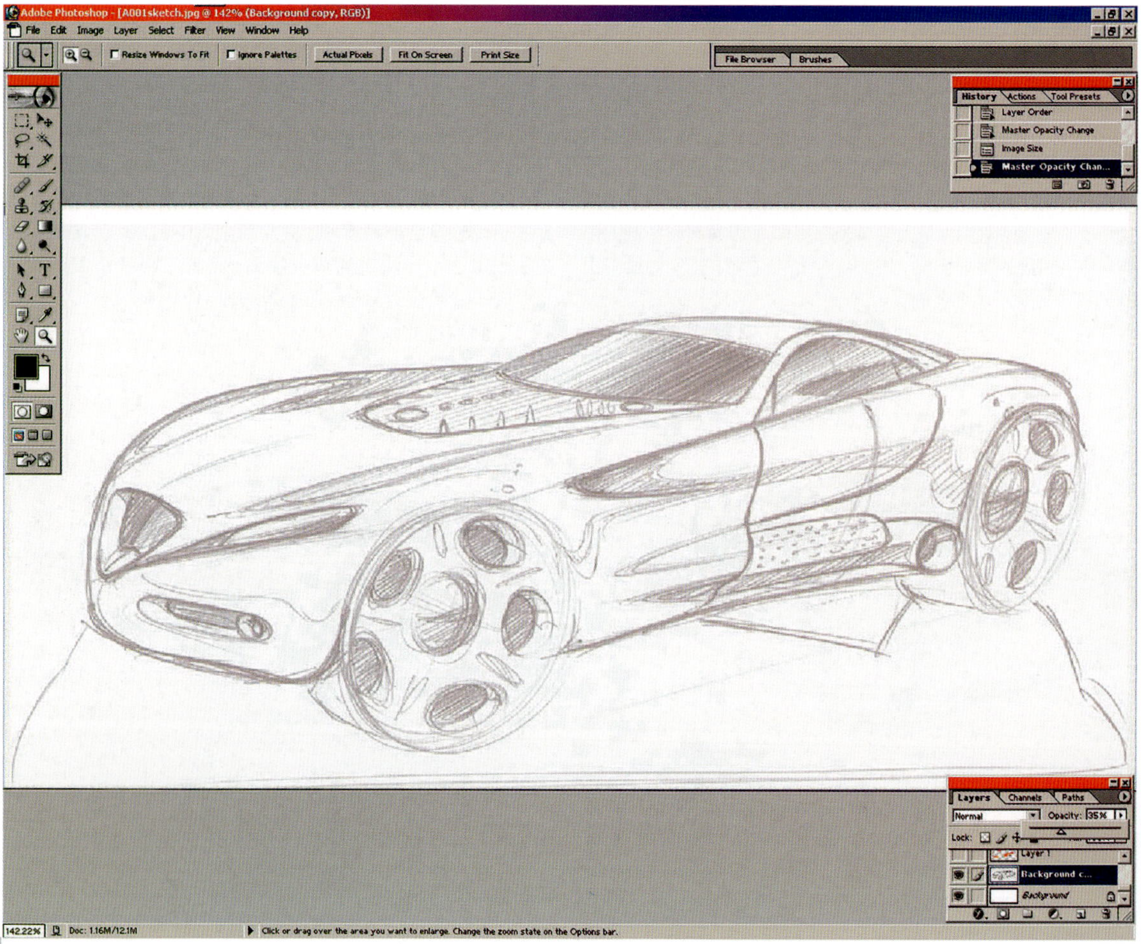

将笔刷大小设置在200–300之间，并在图层中喷涂上基础色调。在图例中，汽车变成了红色。我喜欢在草图使用现实世界中两个极端的冷色和暖色来增强产品的雕塑感。选择宽笔触的马克笔笔刷工具进行喷涂，然后手动擦出一些简单的高反光的区域。这样呈现的效果更自然，而且绘制的更快捷。

新建一个图层，并在上面快速喷涂出柔和的天空反射效果。在这一步骤中还是用冷暖色。然后，再一次手动擦除溢出的部分。选择喷笔工具，将不透明度设置为65%~100%后进行喷涂。如果你每次的喷涂是在新建的图层上进行的话，那么你就可以随意地使用大直径的柔软橡皮擦去擦除。而其他的高反光区域却不会被修改，所以根本不必用到蒙版工具。

同样，运用一个大直径的喷笔工具在相应的图层上绘制出冷暖色交融的玻璃反光区域。接着，用一个有棱角的橡皮擦笔刷重新擦出汽车的边缘。首先，使用比较浅的颜色。然后复制图层，并用橡皮擦工具将第一个玻璃图层中内饰的高光部分擦拭出来。这样处理之后的效果就像是穿透了汽车一样，增加了真实感。

这一步骤要画出汽车在地面上的阴影。用路径工具快速地勾勒出一个路径，并对它进行调整，使它与草图的阴影区域重合。接着在路径面板中保存路径，打开“建立选区”菜单，将羽化值设置为0。然后在图层菜单中新建一个图层，并在这个图层上填充你喜欢的背景颜色。在这一步骤中，我通过增加一些不同颜色的艺术画笔效果来增添温暖的氛围。

然后置入车轮，这辆车就更真实了。你可以选择给你草图上的车轮填充颜色。如果要想得到更真实的效果，你可以将轮胎模型放在Alias中进行快速渲染，然后将渲染图片导入到PS软件中。同样，你也可以用真实汽车轮胎的图片。但是，如果轮胎太写实，它可能会与你整体的设计风格格格不入而大煞风景。

为了增强汽车的表现效果，你也可以在车身侧面的下部以及正面增加一些柔软的雕塑效果。你只需要新建一个图层，并运用黑色和白色的软喷笔笔刷进行喷涂，然后改变这个新图层的透明度就能得到你想要的效果。如果每一个元素都画在不同图层上的话，可以大大减少你的工作量，为此你也不必使用蒙版工具了。而且由于每个图层都是相互独立的，你可以随心所欲地尝试配色。

新建一个路径图层，并使用路径工具在这个图层上勾勒一些高光线。

在这一步骤中，我们可以使用已经做好的前照灯来节约时间。而且你可以利用不同的前照灯，变幻出不同的效果。本例中的前照灯，很明显是一款奔驰汽车的。

最后，增加一个品牌商标后就大功告成了。

正如你在左边的图像中看到的一样，它有很多个图层。这样在以后修改的时候不仅方便，且制作的时候不用使用蒙版工具。这个效果图我只花了45min就完成了。当然，花费时间的多少主要取决于效果图细节的详细程度。

尽管我可以很熟练地使用先进的数字化产品，但是运用这些技术是要以专业技能为基础的。而我曾经掌握的牛皮纸、马克笔和粉彩的经验就是我的基础。我认为在你运用数字化技术之前，传统绘画这一阶段是不可逾越的。而且你要熟练地掌握传统绘画技能。同样，我也将我制作黏土模型的经验运用到Alias数字建模中。此外，熟练掌握传统技能，并将它们和先进的数字化技术结合在一起，往往会使你的设计工作达到事半功倍的效果。

Cor Steenstra毕业于英国皇家艺术学院，也是位于California和Gibraltar的Foresee Car Design公司的设计总监。

网址：http://4c-foresee.com/

计算机辅助设计

在优秀的素描技能是汽车设计师的必备技能的那个年代，将最初的草图成功地转化为数字化图形这一技术成为推动汽车设计流程现代化的关键性飞跃。

数字化设计技术的运用使汽车行业发生了天翻地覆的变化。因为它使设计者能够创建未来概念车和量产汽车的数字化虚拟模型，并可以将它们放在不同的环境中进行模拟。甚至可以在不用花费任何成本以及不用浪费时间去制作模型的情况下，在不同环境中进行测试。更重要的是，这些数字模型也可以用来生成工程数据，这些数据可以直接运用于生产。这就意味着汽车制造商可以在量产之前，在虚拟的数字化环境中完成产品的研发步骤。

计算机辅助设计（CAD）软件可以运用在设计开发流程的一些关键性步骤中。比如：概念审核、方案优化和设计管理等步骤。数字模型的应用方便制造商将设计可视化。同时也可以测试它在真实环境中的性能，也降低了研发过程中对高成本和难于调整的实体模型的依赖程度。

在数字化科技诞生之前，模型制作师往往要根据三维草图来制作实体模型。实体模型的制作仍然存在于如今的汽车研发过程，但数字模型技术却大大减少了模型的制作次数。在传统的设计流程中，当设计概念修改了之后，往往需要花费大量的时间去修改和调整实体模型。然而当数字化建模技术问世之后，这种不断修改的工作量就大大减少了。

数字化技术将设计的艺术创造性与呆板、高效的工程数据结合了起来。这在设计中就体现出了很多优势：设计的更高效，缩短了汽车的研发周期，节省人力、物力、财力。其次是调整方式的改变，参数调整的方式提高了修改的效率。同样，虚拟的数字化技术为大量有才华的设计师提供了一个平台，他们可以在方案确定之前无拘无束地去探索。这就给设计师提供了更多自由发挥的空间，同时也提升了设计生产力。

在优化工作流程上，这些技术也起到了至关重要的作用。当代的汽车设计流程具有复杂性和多样性。比如，大家现在对外观设计是在加利福尼亚州进行，而同一车辆的内饰设计是在法兰克福进行的事情已经习以为常了。数字化设计可以使不同的设计团队之间进行设计共享以及设计评价。

主流的计算机辅助设计（CAD）软件程序有Adobe Photoshop和Autodesk Alias Automotive。它们是世界上大多数汽车制造商使用的软件。它们可用于最初的概念创作，也可以将最初的概念草图转换成可视化的全比例A级曲面汽车模型（主要用于向客户呈现）。Autodesk公司还针对不同的设计流程开发了一系列不同的设计软件。这些包括素描工具、渲染软件以及效果演示软件。

手绘草图也可以导入Autodesk Alias Automotive。在Alias中，可以将你的设计概念从最初的草图转换成A级曲面。或者，你也可以在计算机上使用数字化草图软件绘制草图。比如，运用Autodesk SketchBook Pro软件和一个Wacom数位板这样的数字化手写平板。如果他们愿意的话，设计人员完全可以通过使用这样的软件绘制出数字化草图，而且不需要在笔和电脑之间进行转换。而三维模型师则可以通过导入设计草图，然后用Alias Surface软件创建出虚拟的三维模型。而且，Alias Surface可以进行逆向工程操作。比如将一个全尺寸黏土模型的工程数据扫描出来，然后用Alias Surface去创建高品质的A级曲面。

最终，模型也可以模拟出不同环境中的效果来方便评审。设计者可以将三维的CAD数据渲染成视觉效果逼真的图像。像Autodesk Maya这样的软件就可以通过高级渲染（添加颜色、纹理、光效和阴影）、建模和动画制作来打造出超级逼真的虚拟效果图。Autodesk Showcase或Bunkspeed Drive都可以进行模型效果演示。它们用逼真的效果模拟了“真正的”反射以及其他的物理特性。最终，渲染的图片以及动画效果就可以呈现在投影墙上了。

尽管这个过程是流水线式的，但是设计者还是可以通过数据的输入与输出在任何阶段进行设计调整。即使是在现实生活中的世界级汽车设计工作室，都可能会再进行无数次的调整。

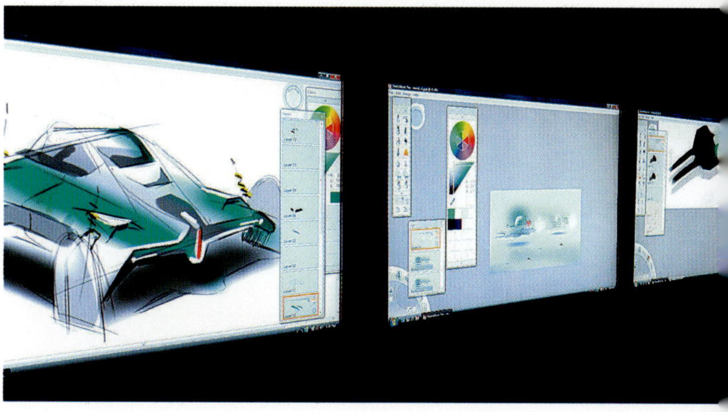

常用软件简介

Adobe Photoshop

令人惊讶的是，虽然它不是一款为汽车设计而专门研发的应用程序，但是Adobe Photoshop却是数字化汽车设计中最常用的软件。Photoshop之所以被汽车设计师普遍采用，是因为平面草图经过扫描后可以很方便地在数字化工具中进行处理。一旦最初的设计草图扫描入计算机后，这件作品就可以进行效果处理了。

在这里，不同的设计师可能工作方式也不同。大多数人会在Photoshop中新建图层，然后使用不同的路径工具和滤镜工具增加效果。这样，他们就能够对图形进行调整了。同时也可以运用画笔工具和色板工具来探索不同的形式以及材质。当然，也可以创建一些像车轮这样的关键性元素。同样还可以生成背景、添加柔和的高光和反射效果以及最后的润色工作。这样可以增强表达效果的真实感。对于一个经验丰富的设计师来说，这个方法既快捷又高效。

Autodesk SketchBook Pro

这个有绘画与上色功能的应用程序实质上就是传统素描技术的数字化替代品。 它省略了在纸上的绘制草图然后扫描进入计算机的步骤，而是直接可以使用数位板和平板电脑来创作。甚至在苹果的iPhone和iPad上都有这样的功能。

它最大的优点就是汽车设计师不必在笔和键盘之间来回切换了，也不需要扫描了。尽管传统的绘画方式被公认为最正统的表现方法，但还是有一些设计师开始青睐于这种先进的绘图方式。

Autodesk Alias Automotive

Autodesk Alias Automotive软件为汽车设计提供了一个更全面的可视化工具。通过Autodesk Alias Automotive软件，设计师可以在汽车的研发过程中更好地控制他们的设计。这些设计概念可以精炼到符合生产要求的品质和NURBS曲面：真正可以用于实际生产或原型设计的工程数据。

Autodesk Alias Surface

Autodesk Alias Surtace软件提供了一套完整的功能，主要用于动态三维建模。它可以使虚拟模型向概念模型演变，并将它扫描成可以用于汽车设计和造型分析的高品质A级曲面。

Autodesk Maya

开发Autodesk Maya的初衷主要是为了电影和娱乐行业的发展，但是后来Maya却被越来越多地运用于汽车设计的动画制作和模拟演示中。最近用Maya软件制作的电影动画有阿凡达、冰河时代、潘神的迷宫以及蜘蛛侠3。通过制作出高科技的视觉效果，可以更好地进行设计评审或市场营销、媒体宣传。比如，将一款概念车放进都市驾驶的真实生活环境中。虽然它只是虚拟的，而且甚至连一个驱动发动机都没有，但是表现的效果却非常逼真。

Autodesk Showcase

它是为那些设计管理者开发的，主要用于给高级管理层汇报设计成果。Autodesk Showcase软件可以使设计师获得三维的CAD数据，并将它们渲染成逼真的效果图。如今，汽车公司也越来越多地依靠数字化模型来制定决策。而在过去，这些重大决策往往要依赖于全尺寸的油泥模型。在投影墙上，可以对一个设计作品进行非常清晰的效果演示。可以将模型放到不同的环境中去测试汽车的外观效果。这里主要是测试反光会如何影响车辆的特征线条，甚至是汽车颜色的改变会如何影响它的形态效果。在Autodesk Showcase中，所有的这些调整都可以快速地被执行。所以，管理人员可以很快地对方案进行评审，这样就提高了决策效率。

Bunkspeed Drive

无论是用于设计审查，还是市场营销，Bunkspeed Drive都称的上是一款专业的交通工具可视化软件。通过Bunkspeed Drive软件，设计作品可以在逼真的虚拟场景中呈现出行驶的动画效果。所以，使用投影墙或其他全屏演示方式可以使设计师更直观地观察到产品的反射和其他物理特性。

第十四章

汽车设计与伟大的设计师

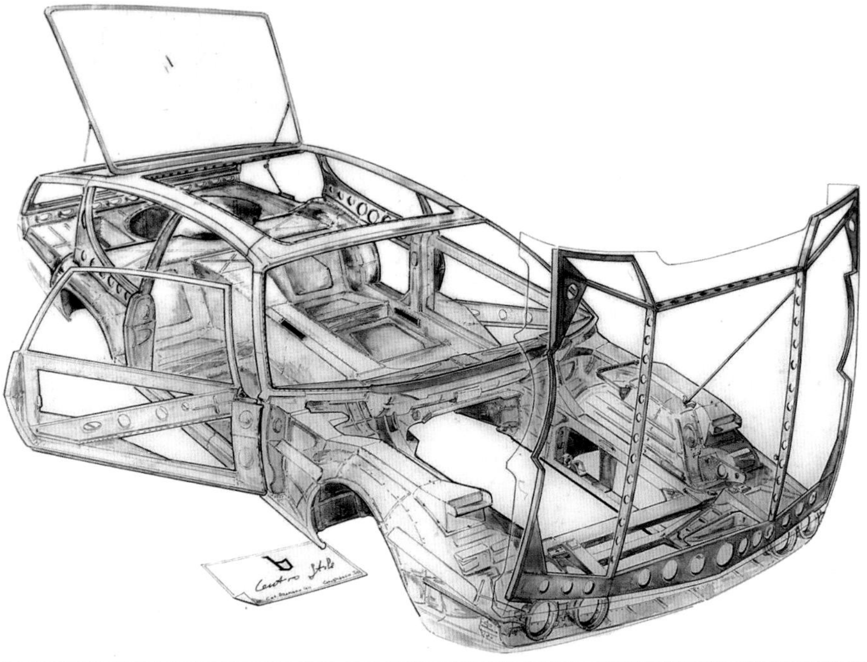

汽车设计是从工程学独立出来的一门学科，它是一门独特的而且普遍认可的学科。普遍认为，汽车设计这门学科的真正起源是1927年哈雷·厄尔在通用汽车公司创立的。

在哈雷之前，欧洲和北美的汽车生产流程都大同小异。汽车制造商并没有在他们的汽车外观上融入什么特别的价值内涵。相反，他们更关注于产量。所以，他们通常只会在两类车型中选择其中的一类进行量产。第一类是为大众阶层生产的普通轿车，亨利·福特的T型车是最有名的例子。这些汽车只有一些普通的功能，它们的承载能力和可靠性也都非常一般。自然更说不上拥有什么蕴含深意的风格形式了。第二类就是富人定制的豪华轿车。这些汽车制造商只生产汽车的机械元件，比如底盘和传动系统。而车身以及内饰则是外包给专门的车身制造厂来“装饰”。一般情况下，购买者是可以自由地选择车身形式或风格的。直到1923年，P.Sloan就任通用汽车公司总裁时，这两种类型才开始融合在一起。

20世纪20年代末，汽车才开始从实用性的大众化产品向一个象征着有抱负、有理想和有地位的产品转变。正是在20世纪20年代初，T型车看起来就已经开始过时了。与通用汽车公司提供的多样化产品相比，福特T型车大众化的风格和统一的功能越来越不具有吸引力了。美国的消费者不想再看到千篇一律的车型，而是希望购买一辆能够代表自己的汽车。在Sloan的领导下，通用汽车公司开始提出“不同的钱包、不同的目标、不同的车型”的口号。销售范围广泛的产品，不再是单一品种的廉价而且标准化的车型。Sloan提出了有计划的商品废止制概念：通用汽车公司的设计师保证每年都会推出一款新的车型，从而有效地使前一代车型过时。这是一个刺激消费者购买新产品的策略。自此，汽车设计就开始成形了。从本质上来说，通用汽车有计划的商品废止制

是汽车行业的一种生产模式。

在这里，我们列出了在过去100年中公认的最有影响力的设计师。他们的作品都曾经轰动一时。更重要的是，他们都有着一个共同的特点：他们都曾震撼了整个汽车行业。而且，他们总是会以出乎意料的方式推动汽车设计以及汽车制造业发展的步伐。

哈利·厄尔（1893-1969）

我们今天所知道的汽车造型学科，它的存在很大程度上要归功于哈利·厄尔（插图）。在厄尔开始懂事的时候，他就开始帮他父亲打理厄尔汽车厂了。厄尔汽车厂是一家专门为好莱坞的影星设计汽车的汽车车身设计以及制造公司。他的设计作品以及用黏土做成的实体模型给GM公司留下的印象是如此深刻，以至于通用汽车公司邀请他加入公司，并希望他创作出一些有创意而且有魅力的设计作品。1927年的**凯迪拉克LaSalle**就是他的杰作。可以说，它是一次视觉上的革新。因为在此之前还从来没有一款车使用过像它这样的修长、优雅而且低矮的造型。从本质上说，哈利•厄尔的LaSalle是第一个专注于外形风格的汽车，而不再是一款仅仅注重于工程技术与制造工艺的量产车。

LaSalle的成功使通用汽车公司创造了一个Art and Color Division的时代（后来改名为Styling Division）。而厄尔则是它的第一个设计总监。在通用汽车公司30年的职业生涯中，厄尔使通用公司成为汽车设计与造型风格的领跑者。同时，他还制定了一套汽车设计流程：绘制平面草图、制作黏土模型、制作全尺寸黏土模型以及概念车。具有讽刺意味的是，厄尔是汽车车身制造商的儿子，而厄尔的革命性创举却标志着汽车车身制造商命运的终结。因为，汽车制造商开始承担起越来越多的创造性工作。

巴蒂斯塔宾尼法利纳（出生于法里纳，1893—1966）

巴蒂斯塔宾尼法利纳是宾尼法利纳公司的创始人。它将永远与欧洲战后的运动跑车紧密联系起来，特别是法拉利跑车。

他为阿尔法·罗密欧（1935年的6C 2300 B Berlinetta Aerodinamica）和蓝旗亚（1937 Aprilla）设计的流线形轿车使宾尼法利纳汽车设计公司踏上了纯空气动力学的征程。这些设计在形式上没有什么复杂的地方，而且整个车身也非常流畅。没有使用铬合金，也没有任何复杂的装饰元素，整个设计看起来清晰而纯洁。他在1947年设计的大众化汽车**Cisitalia 202运动型双门跑车**是巴蒂斯塔至高无上的荣耀。

20世纪50年代，宾尼法利纳正在酝酿法拉利历史上最经典的设计。它将空气动力学与简洁的美学主义结合起来。在20世纪50年代至60年代之间，宾尼法利纳设计的250 GT Spyder（1957）、250 GT Berlinetta（1961）、**250 GT**（1963）和迪诺206 GT等一系列经典设计使他成为法拉利的首席设计师，并且把两家公司永远地联系在一起。

雷蒙德·罗维（1893-1986）

他可能设计过壳牌石油公司的标志、好彩香烟的包装盒以及大量流线形的机车。但是，正是汽车设计使雷蒙德·罗维成为历史上最著名的工业设计师。

罗维的汽车设计生涯始于1934年。当时，它任职于Hupp汽车公司，设计了Hupmobile。为了给汽车一个光滑和有吸引力的形态，罗维引入了流线形设计。他通过集成化的方式整合了前照灯和备胎罩，以此来消除凸出元素。虽然曾被第二次世界大战中断，但是战后罗维还是在Studebaker公司继续设计汽车。1947年，Studebaker推出了Champion汽车。与大多数其他的美国汽车相比，它最大的特点就是更加充满异国情调以及更有欧洲（特别是意大利）的贵族气质。Champion有雕塑感，有干净利落的线条，有平滑的挡泥板和车门以及尖细的尾部。总的来说，这是一个非常内敛的造型。值得注意的是，它在外观上并没有使用铬合金。这是罗维的馈赠：里程碑式的光滑、简洁以及雕塑感的造型。当然也包括少数接缝痕迹以及少许的夸张。

亚历克·伊斯戈尼斯(1906-1988)

虽然**亚历克·伊斯戈尼斯**被聘任为汽车设计师，但是他实际上只是一个训练有素的制图员和工程师。受到这样的氛围的熏陶，他对汽车有了更多的了解。同时也培养了他的实用主义和功能主义的设计方法。作为Morris Minor和BMC Mini 的创始人，伊斯戈尼斯的创作不仅仅是为了设计而设计。相反，他的设计是为了解决问题。比如，他开发的一款节能高效的**BMC Mini**是为了应对苏伊士运河危机造成的石油供应危机。同时他也设计出了一款能够与英国日趋流行的泡泡车相抗衡的汽车。伊斯戈尼斯提出了一个设计纲领：它是一款可以承载四人，同时可以携带行李的微型车，而且要最大限度地降低它的油耗。伊斯戈尼斯在Mini上采用了发动机横置的布局方式，将汽车四个微型车轮尽可能地放置在四角，变速器也放在了发动机下面的机油箱中。通过对这些关键性部件的重新布局，伊斯戈尼斯最大化地腾出了内饰空间。虽然它采用了实用主义风格，但是从本质上来看Mini并不能算得上有风格。但是它却用工程方案解决了一些实际问题。Mini的风格也发展成了20世纪60年代的经典风格。永恒的设计概念使它一直生产到了2000年，直到今天它仍然是英国历史上最畅销的车型。伊斯戈尼斯的解决方案是里程碑式的创举，以至于它对汽车设计的影响一直延续至今。在过去的半个世纪中，盒状的设计概念已经成为几乎所有前轮驱动的微型车的设计样板。

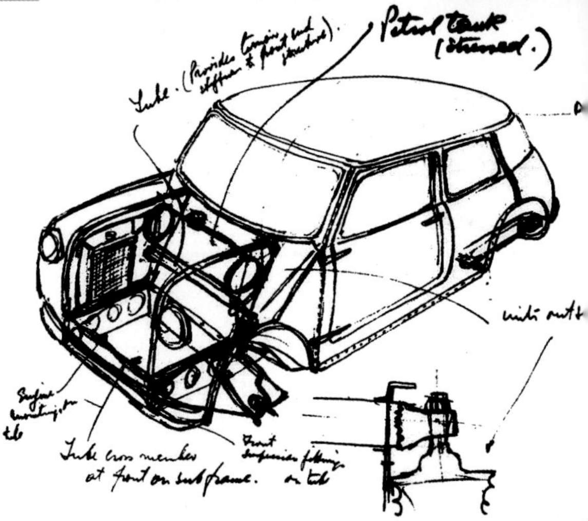

流线型造型

雷蒙德·罗维并不是第一个探索流线型风格或者流动概念的人。早在1913年，Giuseppe Merosi就在Castagna为阿尔法汽车创造了一个流线形、泪珠状的车身。流线型风格起始于一系列的一次性汽车。但是公认的是，直到20世纪30年代流线型运动才真正开始。美国的消费者深深地被流线型风格所吸引。虽然汽车的空气动力学设计都只是象征性的元素，但是美国人却认为它是现代化、科技化以及速度化的象征。在此期间，包括Norman Bel Geddes、William Bushnell Stout以及Paul Jaray在内的设计师都设计出了大量流线型风格的汽车。其中就包括Motor Car Number 1（1928）、Stout Scarab（1935）和**Tatra 77**（1934）。但是毋庸置疑的是，Carl Breer设计的克莱斯勒Airflow（1934年）是最有吸引力的一款车。到第二次世界大战的时候，这个运动就几乎结束了，但遗留下来一些流线型形式的标准。比如，在车身壳体上要尽可能地减少凸起。这一特点也成为了现代汽车设计的一个准则。

鲁乔·博通(1914-1997)

博通是历史上最伟大的设计师之一。但是实际上，他并不是一个汽车设计师，而是一个精明的商人。我们说**鲁乔·博通**是一个设计天才，并不是指他设计出了多么优秀的汽车，而是他独特的商业运营模式。1952年，博通接管了他父亲的公司。Carrozzeria Bertone公司是一个主营汽车车身设计和制造的企业。当他意识到博通公司未来的发展方向不在于个人定制车或小批量生产的汽车后，他决心致力于汽车造型设计。20世纪下半叶中，许多经典的汽车设计都来自于博通。比如，**1953**年至1955年的BAT(Berlina Aerodinarnica Technica)汽车，**兰博基尼Miura**、Espada、Countach、蓝旗亚Stratos以及菲亚特的Dino轿跑车。但是，阿尔法罗密欧Giulietta Sprint和BAT系列与鲁乔·博通联系得最为紧密。它的设计是如此的成功，其优秀的性能和低廉的价格更是使阿尔法罗密欧的这款车成为了意大利的国民车。虽然阿尔法公司最初只想生产几百辆，但最终博通却为阿尔法建造了4万辆。Giulietta Sprint的问世，标志着博通公司完成了从一个手工艺生产商向工业化汽车制造商的蜕变。

鲁乔·博通也是一个有前瞻性的设计大师。他对于伟大的设计了然于胸。他知道一个伟大的设计师需要具备什么样的品质，他也非常注重为他旗下的设计师培养那些品质。历史上两个最伟大的汽车设计师——乔盖托·乔治亚罗和马塞罗·甘迪尼，都是在他的指导下和启发下走向成功的。根据《汽车新闻—汽车名人堂》报道：鲁乔·博通就曾说，“汽车产品是一种感觉，或者更确切地说是一系列的感情。最重要的是，汽车的造型能够传达出令人惊喜和惊讶的感觉。如果在我第一眼看到一款车的时候，它没有让我心动，我几乎可以肯定它不会成功。”

比尔·米切尔（1912-1988）

在很多方面，**比尔·米切尔**的设计代表了最经典的美式车。正是米切尔设计了1959年的雪佛兰Corvair，1963年的雪佛兰Corvette Sting Ray和1967年的庞蒂亚克Firebird（火鸟）。米切尔的作品与当时美国主流的汽车设计相差很大。他并没有随波逐流，灵感也不是来源于飞行器或是太空时代的幻想。相反，米切尔认为设计应该回到汽车本身。它带领美国汽车设计走出了阴影。当时，精致的铬合金和奇异的散热片设计几乎达到了泛滥的地步。许多人认为那一段时间是美国汽车设计最薄弱的时代。

正是在米切尔的努力下，汽车造型转向了更洁净、更简约的风格。也许，Corvette Sting Ray最能证明他的设计风格以及他伟大的成就。他并没有通过给汽车赋予镀铬的车身以及珠光宝气的装饰来增添情趣。相反，米切尔采用了灰鲭鲨的造型。最终设计出一个洁净、低矮、平直而且非常流畅的汽车。可以说，这款车将它的灵感来源——灰鲭鲨的形态展现得惟妙惟肖。毋庸置疑，它是有史以来最优秀、最令人振奋、最受欢迎的汽车设计之一。当美国汽车已经走向浮夸和过度装饰的悬崖时，比尔·米切尔及时悬崖勒马，使美国的汽车设计重现生机。他证明了一个道理：如果雕塑感能够合理地运用在汽车上，可以使汽车富有传奇性和兴奋感。

法国的车身制造

汽车与时尚的融合首先发生于巴黎，这也许不足为奇。在两次世界大战之间，法国的车身制造工厂使汽车进入了高级时尚时代。包括Saoutchik、Facel、Figoni & Falaschi和Chapron在内的汽车车身制造商都为布加迪、凯迪拉克、戴姆勒、**梅赛德斯-奔驰**、劳斯莱斯创造了优雅的车身。它们主要通过材料的装饰来塑造豪华的汽车。这些材料包括铬合金、皮革以及有异国情调的木材。但是，到二战结束的时候，汽车不断的普及以及不断发展的制造工艺使汽车行业彻底地发生了变革。这也意味着传统的法国汽车车身制造产业将全军覆没。法国汽车制造商开始效仿意大利人，通过改变生产方式来满足批量生产的要求。

布鲁诺•萨科(1933年出生)

在尝试加入意大利车身制造工厂失败后，**布鲁诺•萨科**在1958年被戴姆勒—奔驰公司聘任为设计师。1975年，他升任戴姆勒—奔驰公司造型中心的设计总监。从此，他便开始影响奔驰的每一款汽车，直到1999年退休。如今，他被认为是最伟大的汽车设计师之一。

在奔驰公司，萨科创建了连续性的品牌文化。他推动了品牌识别理念的发展。通过在所有的奔驰汽车上使用共同的设计元素来创建一个家族特性。在今天，这个特性依然被奔驰公司传承了下来。他也创造了一套产品更新的设计机制。这个机制使不同年代的奔驰汽车不会自相残杀。而且还创造了永恒的设计，最有价值的元素都出现在他最好的设计作品**梅赛德斯-奔驰190(1982)**中。更重要的是，即使奔驰公司在20世纪90年代进行扩张的时候仍然能够做到这一点。在今天，这一方法屡试不爽，特别是在德国的汽车制造商中最常见。

马塞罗•甘迪尼（1938年出生）

马塞罗•甘迪尼是意大利博通汽车设计公司最负盛名的首席设计师之一。他（**鲁乔•博通时代的高级管理层**）在1965年接替了乔盖托•乔治亚罗的位置，创造了许多富有异国情调的概念车和量产车，其中就包括兰博基尼Miura和Countach。这些都是公认的历史上最具有影响力的两款超级跑车。1968年，甘迪尼在阿尔法罗密欧33 Carabo的原型车上引入了著名的剪刀门概念。当时也是人类梦寐以求的太空时代。剪刀门也激发了他的设计灵感，在1974年推出的康塔什超级跑车就大改以前的风格。它的造型形式极不寻常，因为它宽度大、长度短和高度低。同时，锋利的楔形造型、倾斜的四边形面板使它几乎没有任何曲线。从人体工程学的角度来说它存在一些问题，性能表现远不如传说中的那样，而且剪刀门设计和很差的能见度使它几乎不可能倒退。尽管它存在这样或那样的问题，但是Countach依然是一个经典的设计。虽然这看起来非常离谱，但是大多数人还是认为它们是兰博基尼的标志性元素。甘迪尼也做了许多更为实用的家庭轿车设计，比如雪铁龙BX和第一代BMW5系。但是只有兰博基尼和杰出的**蓝旗亚Stratos**的设计能使他永垂不朽。楔形设计和驾驶舱前移设计是甘迪尼给全世界人民的一份馈赠，这些元素在后来问世的运动型轿车中都很常见。

乔盖托·乔治亚罗（1938年出生）

坦白地说，**乔盖托·乔治亚罗**是汽车商业史上最伟大、最幸运的汽车设计师。他设计的汽车作品比历史上其他任何设计师都要多。他不仅精于设计，而且很有商业头脑。他曾经有过工程学和雕刻工艺的学习经历，他的创作思路来源于对这二者深刻的理解。更让其他设计师望尘莫及的是，乔治亚罗能够根据实际工程的要求打造出美轮美奂的汽车。这成就了他一段漫长而辉煌的职业生涯，他让我们看到有史以来最经典的设计。其中就包括奥迪80，阿尔法罗密欧Alfasud，**宝马M1**，菲亚特Panda、Uno和Punto，**莲花Esprit**，兰博基尼Gallardo，蓝旗亚Delta以及大众Golf/Rabbit、Scirocco。每一款汽车都是汽车发展史上的一个里程碑。

乔治亚罗是第一个为汽车设计寻找到实用主义设计方法的人（即所谓的乔治亚罗方法）。他提倡在不损害实际需求的情况下去深化汽车设计的形式，最终使一款车同时拥有实用性、舒适性和吸引力。他设计的莲花Esprit、大众Golf以及蓝旗亚Delta汽车上出现了锋利的边缘设计，这主要归功于20世纪70年代折合纸的问世。同时，乔治亚罗也开始设计更高的汽车，以此来增加内室的空间。这在他设计的菲亚特Panda 和 Uno上表现的最为明显。他以1978年推出Megagamma厢式旅行概念车而成为创造厢式旅行车的先行者。如果没有乔治亚罗，汽车也不会发展得像现在这样富有创造力和想象力。

金·梅斯（1954年出生）

如果要将一个人与20世纪90年代的复古风或传统风格的设计运动联系起来，无论他喜不喜欢这个封号，那必定是金·梅斯。他最著名的设计就是奥迪AVUS概念车（1991）和大众甲壳虫1概念车。但是他强大的影响力在2002年的福特Thunderbird、2003年的**福特GT**以及2005年的**福特Mustang**上也有所体现。梅斯仿佛是在重温了20世纪30年代的德国大奖赛之后灵感突现而设计的**奥迪AVUS**。它的形态也直接影响了奥迪TT，而奥迪TT也被认为是20世纪的经典之作。新的甲壳虫在1998年投产，而梅斯对经典甲壳虫的重新诠释也深受广大消费者的欢迎。全新的甲壳虫使美国人对正在衰退的大众品牌重新拾起了兴趣。

梅斯作品都融合了每个品牌的传统文化。他保留了能使消费者产生情感共鸣的元素，并利用这些元素创造出现代化的设计。在他后来为福特创造的车型上，再次成功地运用传统元素塑造了前瞻性的设计。特别是在Thunderbird、Forty-Nine概念车以及最著名的Mustang（2005）上表现得最突出。但是这些设计仍然存在争议，因为很多人质疑在多年后这些设计能不能永久地传承下去。不管别人怎么评论，但值得肯定的是梅斯的设计方法对现代汽车设计产生了深远的影响。

克里斯·班戈（1956年出生）

美国设计师克里斯·班戈的汽车设计职业生涯见证了他的传奇人生。他是近代汽车史上最著名的设计师之一，但同时也是最受争议的设计师之一。他的职业生涯始于欧宝公司，而后转移到菲亚特公司担任首席设计师，主要负责**菲亚特跑车**的设计。而使他名声大噪的正是宝马集团，但那里也是他最具争议的时期之一。班戈为巴伐利亚的汽车制造商引入了火焰表面的设计，而且整个宝马设计团队都对他设计的作品难以容忍。班戈最有争议的设计是2001年推出的**E657**系。它与以前的保守风格的宝马汽车分道扬镳，但是它却被Tune杂志评为有史以来最糟糕的50个汽车之一。但它却也是历史上最畅销的一款宝马7系车。在外观设计上，班戈为宝马汽车创造了个人主义色彩的设计语言。为此，他的同行们甚至批评他是数典忘祖。在接受《商业周刊》杂志采访时，Bangle评价道："我们不复制任何人的设计，甚至包括我们自己的，而这可能会令有些人感到不舒服。"在此之前，这种解构主义方式还从未在汽车设计中进行过这样大规模的尝试。

无论他的设计作品是好还是坏，班戈在宝马所做设计使他成为近代历史上谈论最多的汽车设计师。有一点是毋庸置疑的，他的设计促进了汽车设计的现代化。福特汽车设计总监Martin Smith笑称班戈的火焰表面风格是"表面娱乐"。然而这个美国人创造的风格却拥有持久的影响力，现在很多品牌的汽车上都能看到这一设计元素。

第十五章

改变了汽车设计的概念车

在汽车设计的发展历程中，许多重大的飞跃都是由富有前瞻性的概念车缔造的。这些概念车都是由富有想象力的设计师完成的。这些具有前瞻性的概念车在首次亮相的时候几乎都不能完全被理解。有些概念车甚至是令人震惊或困惑的。但是，所有的这些概念性设计都将持续地影响量产车的样式以及驾驶方式。

1933年的Briggs/福特V-8

1934年，在芝加哥举办了主题为“一个世纪的进步”的世界博览会。当时，福特就带着这款车去参加了这届博览会。福特 V-8诠释了一个全新的汽车研究方法。以前，从事汽车行业的工程师、公司管理者、企业家以及设计师都有一个愿望，他们一直希望能在公共论坛中展示他们的设计原型，以供众人观赏。尽管这一款车是经过福特公司精心设计的，但是它是否投产的决定权主要却决于人们对它的反应。这使福特 V-8成为第一款真正意义上的概念车。尽管它没有任何功能，但是却真实地呈现了未来的汽车。

然而，这个设计并不是由福特公司完成的。而是底特律供应商Briggs Body Company的首席生产设计师John Tjaarda的作品。Briggs公司两个主要的客户，就是克莱斯勒公司和福特公司。1932年，Briggs与克莱斯勒的合作关系非常密切，并将为克莱斯勒研发出 Airflow。福特公司就抱怨Briggs把他们当做次要的顾客。Tjaarda临危受命，他通过向福特公司演示福特汽车的发展方向而重新获得了福特公司的信任。在20世纪20年代末期，他研发出了一款发动机后置/中置是空气动力学性能良好的轿车——Sterkenburg（产于荷兰）。当时，埃德塞尔·福特深深地被它所吸引，于是Tjaarda和Briggs将这些设计打造成了原型车。它装配了铝制的福特V-8发动机。

为了能了解到人们对其激进风格的反应，福特公司打造了一个金属的实体模型来用于芝加哥展览。福特也聘用专业的调查机构来获得反馈结果。美国公众对空气动力学汽车的态度是，他们不喜欢低矮、倾斜而且没有散热格栅的车鼻。很明显，他们不喜欢将发动机放置在座椅的后面。

然而，Tjaarda的特征线被保留了下来，并构成了1936年林肯Zephyr的基础。流线形的前照灯以及大部分流线型的侧面轮廓也被完整地保留下来。最终，这种全新的汽车研究形式影响了整个汽车界。

1950年的罗孚 Jet I

置身于1951年在伦敦海德公园举办的世界博览会，人们就会感觉到，尽管二战结束后到处都是一片凄凉的景象，但是英国的汽车行业却仍然走在世界的前列。展示在这里的一款车证明了英国先进的高科技与强大的创造力，它同样也是英国超越美国和欧洲的标志。

罗孚 Jet 1的名字刚好与它的车牌号JET 1相吻合。它是世界上第一款使用燃气涡轮机的汽车。罗孚公司将一款同系列的量产车进行少量地修改后，就做为一个展示突破性技术的作品。开放式的双座型车身也是采用了罗孚 75轿车的设计。但是这款车真的做到了喷气推进，同时它还实现了无损耗动力输出的创举。

《汽车》杂志的哈罗德·黑斯廷斯就曾驾驶过它。1955年，他写道："在我的左耳后方，一直会有一种奇特而且非常尖锐的声音。然后，我小心翼翼地踩下了加速踏板。当我还没意识到发生什么事情的时候，它已经在不知不觉中开始移动了。"

1952年，这款汽车以151.96mile/h的速度创造了世界纪录。尽管其他制造商也推出了涡轮机汽车，但是在技术上没有一个能与罗孚公司相媲美。它的实验项目一直进行到20世纪60年代中期才停止。

Jet 1项目团队是由 Spencer King和Frank Bell领导的。这个同甘共苦的团队也遇到了许多工程难题。比如，发动机转速要达到26000r/min。而它是20世纪50年代初的标准转速的5倍以上。而且它是风冷式的，涡轮机内部也没有制动。很多问题都被一一克服了，但有两个难题却是不可逾越的：高燃油消耗（一般5mile/usgovl，1mile/usgorl=0.42km/L）以及制造高性能发动机的巨大成本。这些与生俱来的缺陷从未被汽车制造商有效地解决，似乎也没有必要这样做。

然而，Jet 1却是罗孚品牌的宣传工具。它对车身进行了更新，同时也不断地将深受欢迎的P4轿车的细节风格嫁接到Jet 1上来。这是一个典型的成功将概念车推向市场的例子。在今天，Jet 1被看做伦敦科学博物馆的镇馆之宝。

1951年通用LeSabre

1951年推出的LeSabre是通用汽车在战后第一个真正意义上的概念车。它对公司未来数十年的主流产品都产生了深远的影响。

一位评论家简洁有力地描述道："一个成熟的航空军事梦想"。它反映了通用汽车设计总监哈利•厄尔对飞行器的痴迷程度。他和Douglas Skyray一样，都最喜欢洛克希德P-38战斗机。

弧形的全景式风窗玻璃是厄尔的标志性元素，后来发展成了通用汽车品牌量产车的标志性元素。当玻璃工程师提出弧形玻璃是不可能制作出来的时候，他还是坚持了自己的想法。虽然他用手工的方式打造出了足够的弧型风窗玻璃，但是对于驾驶人来说，LeSabre是非常危险的。

这款车确实可以驾驶。通过与别克首席工程师Charles Chayne的密切合作，厄尔将LeSabre打造成了"车轮上的实验室"。它搭载了V-8增压发动机、空气制动器、一个可通过传感器自动闭合敞篷的湿气传感器并装有双燃料油箱。当汽车以低速或匀速行驶时，第一个化油器从第一个油箱中吸取优质汽油。当汽车加速时，第二个化油器从第二个油箱中吸取甲醇燃料。毫无疑问，当厄尔在他常去的俱乐部中展示这些特点的时候，他心里是非常自豪的。因为他好几年都是以LeSabre作为他的个人交通工具。由于这款汽车成本约为100多万美元，所以他有可能被认为是滥用职权。但是从LeSabre获得了如此多的关注就可以证明他只是为了宣传。

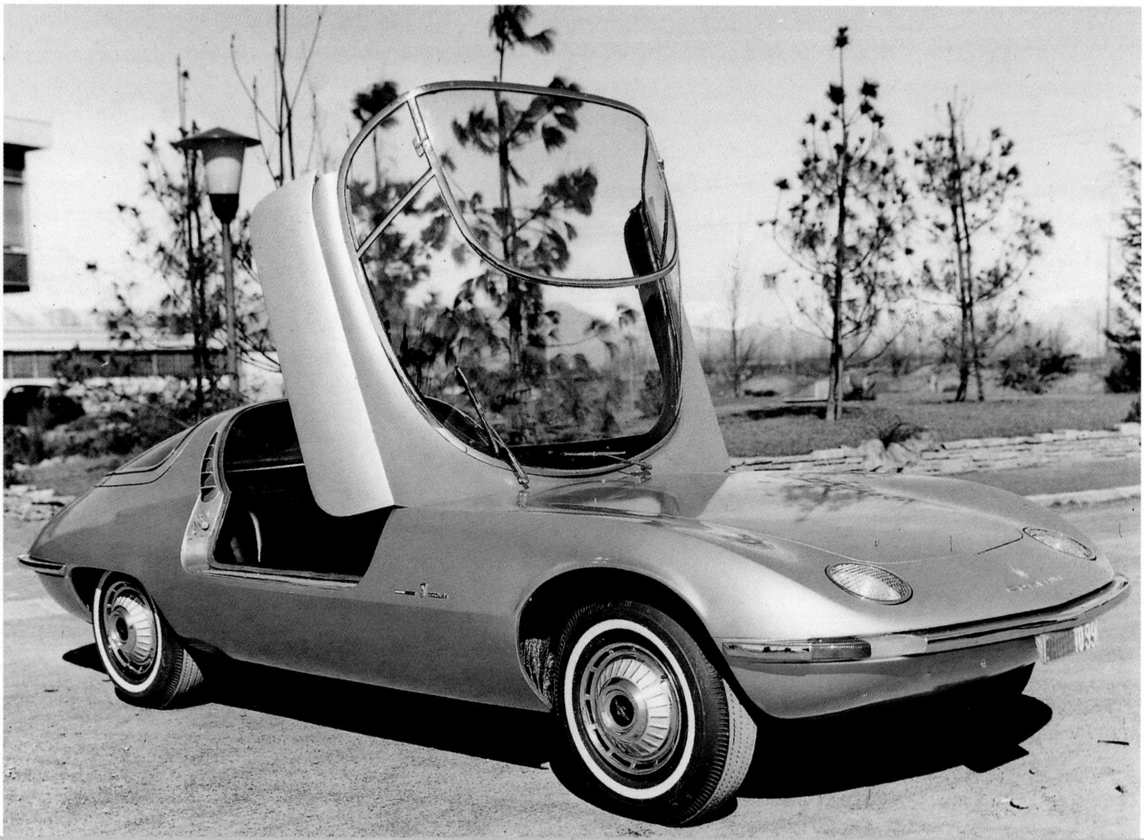

然而，创造LeSabre的全部功劳不能都归功于厄尔一人。通用汽车特殊汽车设计工作室的主管Edward Glowacke就参与设计了重叠的子弹形尾灯、前保险杠上的点式“弹头”、褶皱的椭圆形进气格栅以及很多富有想象力的内饰细节。直到1954年Firebird系列概念车的问世，才取代了LeSabre的地位。厄尔的喷气式战斗机梦想在这里实现了。

1963年博通/雪佛兰Testudo

在1963年，雪佛兰Chevrolet阴差阳错地在美国成名。令通用汽车（General Motors）非常尴尬的是，这款车很快受到了诋毁。它与大众甲壳虫一样，都配置了后置式气冷6缸发动机。然而，这款主流的紧凑型轿车竟然被批评有很差的防撞性和操作性。

但是最终证明，Corvair对那些敬畏先进的赛车科技的人很有诱惑力。这一点主要得益于发动机后移的布局方式。雪佛兰公司在1962年的展览上亮相了Corvair Monza GT。他们希望利用这一概念车获利。这个采用后置动力传动系统的双座GT车，最引人注目的就是进入驾驶舱的方式。车门与车窗连为了一体，乘客需要通过铰链升起车门。

它显然激发了意大利博通设计公司设计师们的创造力。这也成为了雪佛兰汽车的标志性元素，在1963年的Testudo就有所体现。前端的铰链将巨幅风窗玻璃、玻璃顶篷和车门连接成了一个巨大的连体顶篷。驾驶人和乘客可以掀起车门进入车中。虽然没有支柱的衬托，但是将一个细长的仪表盘镶嵌在仪表板上。另一个主要特征就是突出的乘客安全把手。

出人意料的是，仅用两个月就打造出了Testudo。1963年的1月至3月，它在日内瓦车展进行了展出。它的出现让人们兴奋不已。平滑的曲面非常符合空气动力学原理，它出自一位年轻有为的设计师——乔治•乔治亚罗。自从Franco Scaglione离开后，他成了博通汽车设计工作室的中流砥柱。

由于采用了发动机后置的布局方式，Testudo的前悬厚度很薄，也省去了散热器格栅。冷却的空气则通过顶篷尾部的进气口进入。同时，它还拥有一个特别的前照灯。当你开启前照灯时，它会从平置的位置旋转起来，直立在发动机舱盖上（这一设计后来也被保时捷928所采用）。

假如是在炎炎的夏日，炙热的阳光会透过玻璃照射进来。毫无疑问，坐在Testudo中是难以忍受的。然而对于Testudo来说，1963年春天时的驾驶条件就近乎完美了。鲁乔•博通亲自将Testudo从都灵总部驾驶到了日内瓦车展大厅。在这么仓促的时间内能够设计出这么优秀的概念车，的确是不错的成绩。

1967年宾尼法利纳/ BMC 1800 Berlina Aerodinamica

大家一致认为，这款汽车已经远远超越了它的时代。这个集智能化、科技化和年轻气息于一体的设计是汽车设计的一个典范之作。总之，Berlina Aerodinamica是英国汽车公司和意大利的宾尼法利纳设计公司经历了漫长而且富有成效的合作后的结晶。悲剧的是，英国汽车公司并没有将他们的优势发挥出来，所开发的1800也非常丑陋。宾尼法利纳尽可能地在过于臃肿的行李舱设计中融入一些其他的风格。但是亚历克•伊斯戈尼斯却坚持这一比例，因此只能回天乏术了。

作为一个独立的设计公司，宾尼法利纳认为他们其实可以做得更好。尤其是它的设计师Leonardo Fioravanti，就曾在1964年撰写的《一个空气动力学六座轿车的发动机和车身的研究》一文中提出了空气动力学的解决方案。当他在毕业设计上提出这一概念时，曾使米兰理工大学的导师眼前一亮。这一概念再次证明了空气动力学博士Wunibald Kamm提出的急剧截断的尾部处理方式的正确性。它不仅减少了气流升力，而且增强了汽车的抓地能力。同时，它也拥有两厢形式，四门轿跑车的外形轮廓，干净利落的发动机舱盖以及巨大的前悬等特点。以此，来塑造出一个圆润而优雅的鼻锥。

在当时，这款车是无法想象的。虽然伊斯戈尼斯和所有的设计同行都非常看好它，但是它还是被动荡不安的BMC公司忽视了。直到继任者British Leyland上台时，这个项目才重见光明。这一次，他们并没有与宾尼法利纳公司合作，所以空气动力学设计方面也就有所欠缺了。

尽管当时雪铁龙极力否认它与宾尼法利纳公司有任何联系，但外界还是广泛地认为这款车对1975年的雪铁龙CX有重大的影响。更不可思议的是，与Fioravanti相似的元素还出现在了BMC 1300和雪铁龙GS上。然而，应该补充的是，宾尼法利纳设计的概念车是如此的出色，以致于它曾对多个品牌都产生了深远的影响。可以说，阿尔法罗密欧Alfasud、大众帕萨特，甚至是罗孚SDL都曾或多或少受到过它们的启发。

1968年博通/阿尔法罗密欧Carabo

Carabo是20世纪60年代末和70年代初所流行的楔形车设计的巅峰之作。援引1977年Autocar杂志的话来说，“它就是一个标志性设计。因为多年以来，它依然无出其右”。和许多其他的概念车一样，尤其是宾尼法利纳的法拉利512S、意大利设计的玛莎拉蒂Boomerang和沃克斯豪尔的SRV，这些富有幻想的设计给汽车发烧友带来了速度与激情。它们都采用了发动机中置的布局方式。这样，原本平坦的发动机舱盖就变成了一个倾斜的“铲子”。所以，巨大的风窗玻璃就与发动机舱盖连接成了一条平滑的流线形曲线。急促的尾部截面也展示了科学的空气动力学原理。但是，设计这些概念车的主要目的还是为了给予人们以震撼，同时使人们留下深刻的印象。这样，就达到了宣传的效果。

似乎人们并不在乎Carabo能否真的达到160mile/h的最大速度。但是可以肯定的是，由博通设计师马塞罗·甘迪尼设计的优美曲线缔造了一款完美的汽车。这款汽车采用了阿尔法罗密欧Tipo33赛车的底盘和一个1955mL、230PS（1PS=735W）的V-8发动机。

基于它在1968年巴黎车展上惊艳的亮相，加上博通公司娴熟的公关活动，使Carabo名噪一时。多个板条和缝翼，以及开放式的旋转剪刀车门，使它看起来很像鳞片状绿圣甲虫（在意大利carabo的意思就是绿圣甲虫），所以，它就被命名为Carabo了。玩具制造商很快为那些热爱汽车的男孩子制造出了微缩模型。然而，这也是一次科技的盛宴。它展示了比利时VHR-Glaverbel专家发明的轻质古铜色玻璃，以及为了安全行驶而发出橙色耀眼荧光的绿色喷漆。

至少，博通公司没有一个人宣称Carabo将会进行销售。但是短短三年之后，它的影响力就继续体现在兰博基尼Countach的研发上了。而这只是在汽车设计界中，给Carabo加冕了一个经典设计的王冠。

1972年宝马Turbo

像1972年奥运会这样的大事件，宝马公司不会熟视无睹。体育竞技场的主场区慕尼黑，正是宝马品牌的发源地。在宝马公司首席设计师Paul Bracq的鼓动下，宝马公司决定用自己的方式来向运动员致敬。即设计一款提倡速度和安全性的概念车。虽然官方称其为E25，但是Turbo这个名字就足以使人难以抗拒。

Bracq是一个对设计非常留恋的人，他还沉浸于他的设计作品（法国TGV高速列车的外观设计）为他人造福的喜悦之中。现在，他戴着BMW的荣誉光环，开始创造一款独特的超级跑车。它采用了当时流行的楔形车身，但为了表现出宝马对安全性的考虑——碰撞时将伤害程度最小化它还配备了被动安全设施。这一设计理念的核心就在于有弹性的前后端。它将用泡沫填充的塑料型材安装在伸缩式钢梁上。这样，驾驶舱就形成了一个巨大的笼形护框。转向柱也分成了三节，当它受到撞击时，就会收缩下去。宝马公司宣称，由于这款车拥有低矮的底盘，在安全上有优势。这一说法多少有一点风马牛不相及。但是，它所拥有的防抱死制动系统和无线电探测近程传感器却是明智而且合适的主动安全设施。

当其他优秀的超级跑车都转向专注于侵略性风格的小细节时，Turbo通过醒目的喷漆塑造了柔软而圆润的视觉效果：清晰夺目，安全风格的橙色至深紫红色的渐变色。同时，欧翼式车门也是一大亮点。

它的动力是由一台200PS、1990mL的宝马纵置四缸涡轮增压发动机提供的。这款发动机终于在1973年和2002年的Turbo上找到了自己的价值。Turbo是由意大利的Michelotti造型设计工作室发明的。尽管非运行的汽车是用来宣传的，但是如果要量产Turbo的话也没有什么问题。至少理论上是这样的，因为大量概念车的设计元素都会被运用在量产车上。而Turbo的归宿则是在1978年量产的宝马M1上。

1975年丰田MP-1

1983年克莱斯勒厢式旅行车系列——普利茅斯Voyager、道奇Caravan是多用途汽车的鼻祖，即我们今天所熟知的MPV。当时，人们心目中理想的汽车是一个高大威猛、空间宽敞的汽车。而且，其内部空间最好还能根据乘客或者货物的多少而改变布局。克莱斯勒将它定义为厢式旅行车。他们甚至试图将侧门滑动的开启方式也融合进来，使它看起来更像以前的厢式送货车。然而在七年前，正值丰田财力雄厚的时候，它有足够的实力进行MP-1的研发。这款车拥有全方位的视野，紧凑、陡峭倾斜的发动机舱盖塑造的一个准单厢车轮廓以及模块化的内室。还有高级的驾驶舱，滑动式的后侧门和一个巨大的后门。考虑到老龄化日益严重，轮椅通道也是必不可少的。这就需要在后门附加一个内置的升降平台来辅助老人进入车内。

这是一款理性而严谨的汽车，以至于它看起来像准量产车型。尽管MP-1只是1975年东京车展上展出的一款概念车，但是它的辉煌还将延续。八年后，丰田就凭借Model F Space Cruiser加盟了MPV阵营。但是它与克莱斯勒的厢式旅行车是有差别的，低于空气动力学标准的驾驶性能就能证明这一点。它起源于莱特艾斯厢式货车。

如果当初丰田大胆地将MP-1投入量产，结果可能就会大不相同。由于采用了丰田皇冠的底盘和驱动系统，它肯定会被汽车爱好者所接受。MP-1是丰田公司实力的象征，它对整个汽车行业都产生了深远的影响。如果你想一睹MP-1的庐山真面目，你可以购买一个由日本Tornica玩具公司生产的微缩模型。

1978年蓝旗亚Megagamma

乔治亚罗开创了高性能跑车时代，乔治亚罗也是家用车型的先行者。如今，乔治亚罗又成了紧凑性和内饰空间的幻想家。这个年轻的意大利设计师进入了汽车设计生涯的第三个阶段，Megagamma就是最好的见证。乔盖托•乔治亚罗曾设计了三大概念车，而这个是第二个。在这个车上，他重新定义了驾驶舱内部的空间感和人机工程学。同时，他的Italdesign公司也无意中提出了汽车行业沿用最久的一个不成文的规定：舷弧的长度与地位是成正比的。

真是车如其名，Megagamma采用了蓝旗亚Gamma底盘平台。车身四周简洁平坦，配备了一个2.5L的发动机，采用的是前轮驱动的驱动方式。这些设计有效地将它与许多主流的行政车区分开来。同时，为了减小前后悬的长度，乔治亚罗压缩了汽车的比例（长度从458cm下降到431cm）。而且，大幅增加了高度（高度从141cm增长到162cm），这样就使长方形车门的长度变成了宽度。驾驶舱的垂直空间就大幅增加了，驾驶人和乘客可以笔直地坐在座椅上，享受那种居高临下的感觉。

事实上，低矮的汽车样式起源于20世纪50年代的底特律，后来被普遍运用。当时这些汽车体型比较低矮，座椅几乎紧贴地面，驾驶人也只能透过狭窄的车窗和风窗玻璃看到外面。Megagamma却背道而行，与当时的潮流格格不入。然而，消费者似乎对这个拥有充足的垂直空间以及运动式风格的汽车格外青睐。

在1978年都灵车展上亮相的Megagamma借鉴了一些畅销车的元素。例如，福特Cortina/Taunus。为了设计出一款结构紧凑方便乘客的纽约出租车。1976年，乔治亚罗就开始在阿尔法罗密欧上对室内空间进行研究。Megagamma是继1982年的Capsula之后，又一个将发动机与行李舱设置在地板之下的汽车。

由于受到传统豪华汽车观念的束缚，蓝旗亚并没有将五门Megagamrna投入量产。但Giugiaro高大的车身设计却受到了菲亚特公司和日产公司的重视，并分别将它运用在1983年的Uno 微型车、Micra小型车和Prairie厢式旅行车上。

1981年菲亚特VSS

Renzo Piano因为精通材料和工艺而成为享誉世界的建筑大师。1978年，菲亚特公司邀请他与负责结构工程的Peter Rice一起去参观了菲亚特的汽车设计工作室。他们大致了解了汽车的设计步骤和建造流程。菲亚特公司希望他们能够针对20世纪90年代的汽车发展方向提出一些合理的发展策略。这是一个325万美元的大项目，最后这个项目被都灵的I.DE.A研究所收入囊中。

这个团队最终得出的结论是，未来的制造工艺和制造流程将会发生重大的变革，未来的汽车将会由生产系统平台制造出来。尽管模块化的空间框架建造方式可以削减五分之一的重量，并可以有效地提高人员的安全性。但是，他们认为钢制壳体构造仍然是不二选择。因为在交通事故中，它对能量有超强的吸收能力。但是，除了依赖于外层的结构钢，附加在上面的各种独立的非承重塑料板也有一定的缓冲作用。Piano说，这是一个巧妙的设计，它也降低了噪声和振动。但最重要的还是汽车制造商可以使用相同的平台去批量生产。

一方面，分离式的底盘这一概念已经是过时了。但是另一方面，平台资源共享这一概念已经成为汽车产业的主流。这一概念被充分地运用在了菲亚特VSS的建造上，VSS的含义是Vettura Sperimentale的一个Sottosistemi（或子系统实验车）。它将菲亚特Ritmo/Strada的部件合并在一个结构中，这充分展示了Piano的才华。

1988年的菲亚特Tipo很明显有一点VSS的风格。Piano的平台制造体系确实让许多汽车制造商深受启发。它们被广泛地运用于其他车型中，比如蓝旗亚Dedra和阿尔法罗密欧的145。然而，Piano平台完美的技术灵活性并没有完全推广。主要是因为重新组装工厂的成本过高，也有部分原因是因为菲亚特的销售部门对视觉上可以看得到的模块化设计提出了异议。Piano感叹这款车不尽如人意，因为它看起来太标准了。他说："人们肯定不会对它感到惊讶。它采用的是另一种的制造模式。如果你按照这个设计流程，你创造的车将会大不相同。"尽管如此，VSS仍然是一个非常有影响力的设计。

1991年雷诺Scanic

20世纪90年代初，人们对天花乱坠的概念车宣传已经感到麻木了。在1991年的法兰克福车展上，当雷诺公司极力劝说参观者接受这款"为了生命和生活而设计的汽车"。这款"相约去旅行"的汽车，人们听起来感觉好像就是天方夜谭。

然而，对Scenic的设计进行研究之后，发现了一些与众不同的信息：Scenic是一个结构错落有致的大型多功能休旅车（MPV）。它拥有多功能的内饰和一个新颖奇特的滑动侧门。车窗没有B柱，前排和后排乘客通过滑动单侧滑动车门进入车内，而驾驶人则有一个单独的车门。这样坚固的金属框架使Scenic保持着良好的结构刚性。

茧状的五座驾驶室拥有温暖的色调，迷人的材质。还有许多专门为家庭欢聚而设计的附加功能。其中包括地板下的储物柜，安全带，内置儿童约束系统，以及为驾驶人设计的安全气囊和疲劳检测传感器。值得一提的是，1991年的时候，导航系统和微型后视摄像机已经普遍运用于汽车上了。

紧凑型的MPV并不是首次出现。1982年的日产Prairie和一年之后的本田Civic Shuttle（有些人甚至指出20世纪50年代中期的菲亚特600 Multipla）都曾是这一形式的先行者。Scenic的诞生标志着雷诺不仅聚焦于乘坐环境，而且在便利性、舒适度以及娱乐性上也有很大的改善。这款概念车是1996年梅甘娜Scenic汽车的一个实验品。别具一格的车门结构并没有保留下来，而在内饰的多功能性和家庭的温馨感上却比以前更突出了。当竞争对手争先恐后地推出它们的紧凑型MPV时，量产型Scenic一定会取得巨大的成功。

1999年福特021C

汽车设计就是一场公平的博弈。当福特首席设计师金•梅斯和底特律总部的高层毫无思绪的时候，他们聘请了一个外援——著名的产品设计师Mare Newson。让他设计一款概念车，并在当年秋天的东京车展上展出。当时，Newson最辉煌的成就也不过是设计了美观的家具、昂贵的手表以及Alessi的厨艺用品。他还从来没有设计过有轮子的产品，更不用说为引领全球的汽车生产商设计汽车了。

Newson对这个项目非常重视，他一接到任务就立即走马上任了。他下定决心设计出一款优秀的汽车，而且要远远地超过汽车杂志和书籍上的那些设计。当他的作品在东京一亮相，就立刻震撼了整个汽车行业：明亮而时尚的橙色车身，并以Pantone颜色的色相值以及即将来临的新世纪命名。021C以一个娇小、纯真的卡通造型呈现出来。外部没有什么多余的细节或装饰。内饰也非常简洁：只有四个橙白相间的座椅，一块橙色的仪表板和圆形的配饰。许多评论家认为它是一个昂贵的玩笑，因为这种车只会出现在小孩子画的漫画中。

然而，简约风格的背后却蕴藏着许多高科技。比如LED灯，光导纤维，以及后来在其他车型上相继出现的可调节高度的仪表板。然而，021C最大的看点就是它处理锋利的区域分割线的方式。产品设计界非常欣赏其简洁而和谐的造型，以及他将个体整体化的表现技巧。据说，Newson对每一个细节都进行了推敲，甚至是地毯和轮胎面。另一方面，汽车的评论家很难理解其精髓。他们太专注于缺点，而对这些创新熟视无睹。比如，可旋转的前排座椅和推拉式行李舱设计。虽然021C对如今的量产车并没有什么重大的影响，但是它对当代设计师的工作方式以及整体化设计概念都产生了深远的影响。

2000年奥迪Steppenwolf

说它是一个完美的混合汽车艺术品，并不是准确的。总体来说，这款车有些地方还有待商榷。它沿用了传统汽车的长度和宽度，却采用了越野车的高度和造型。由于在20世纪80年代到90年代间很少看到这样的混合车型，人们对他比较陌生。但是在2000年，奥迪Sroppenwolf的展示方式很快就成为最有说服力的元素。将它放在巴黎车展的美女模特之间，犹如众星拱月。

闪闪发光的大型车轮就足以展现汽车的越野能力。19in（1in=25.4mm）的金属钢圈被厚实的轮胎包裹着，并在深灰色防护圈的衬托下给人一种错觉：它的离地间隙就好像和奥迪A3差不多。Steppenwolf确实与A3、奥迪TT都有许多共同之处。它的生产平台与A3、奥迪TT以及大众集团的甲壳虫和高尔夫几款车都是相同的。它配备了一个3.2L的V-6发动机，采用了Quattro全轮驱动系统以及一个Haldex离合器来平衡前桥和后桥之间的扭矩。

这个项目是在Romulus Rost的指导下完成的，他的目的是打造一款“四轮山地自行车”。他曾经也参与了奥迪TT的改进工作。Steppenwolf是紧凑型双门跑车和强悍的越野车的完美融合。在内部，一个突出的传动轴通道将它确立为标准的四座轿车。无论是铝合金细节，还是橡胶与皮革的装饰都堪称豪华气派，甚至连地板都是皮革铺设的。

Steppenwolf汽车充满了挑战性。后视镜上的聚光灯，一个突出油底壳罩以及空气悬架都展现了Steppenwolf超强的越野潜力。它的底盘有60mm的弹性高度，所以无论是高速公路还是泥泞的公路，它都能应付自如。即使是起亚这样的世界级汽车品牌都采用了与Steppenwolf类似的造型设计，更不用说对市场非常敏感的日产Qashqai、福特Kuga、宝马X6了。很显然，奥迪在这一领域是遥遥领先的。尽管如此，它在这个新兴的领域也是一个新手，因为经久不衰的Steppenwolf与Q5都没能跳出现有的设计思维。

第十六章

生不逢时的概念

在金融危机时，推出一款车速高达220mile/h的超级跑车，或者在收入上涨、石油价格下降时推出一款革命性的轻量级经济型家庭轿车，汽车史上涌现了众多生不逢时的设计。即使再优秀，结果也只能是事与愿违。因为它们过于前卫，或者它们与所处时代背景相违背。在这里，我们遴选了12款典型的生不逢时的优秀设计。

1934年的克莱斯勒Airflow

Airflow似乎是一个开创性的机械化装饰艺术风格设计。事实上，它是美国历史上首辆运用了空气动力学原理的主流车。然而，销售业绩却并不理想。

克莱斯勒的顾问工程师卡尔·布瑞尔非常迷恋空气动力学，正是他促成了Airflow项目。截止1930年4月，他们一共对50多款不同的模型进行了风洞试验。为了能减轻车身的重量，克莱斯勒采用了轻量化的金属框架，并提出了单片式车身设计。当然，也还有其他的创新。比如，在Airflow豪华轿车上首次采用弯曲的单件式风窗玻璃设计。

早期的Airflows有许多质量问题，其中大部分是由新的焊接技术引起的。但在销售上的阻力主要还是来源于公众的抵制。虽然这款车在风格上与20世纪30年代时克莱斯勒其他的经典汽车保持了一致，但是消费者却更倾向于外观更为保守的车型。他们目前还无法接受Airflow的无定型外表和流线形轮拱。

为了迎合大众的口味，克莱斯勒公司在1936年对这款车进行了改进。流线形设计没有那么突出了，同时在圆锥形的尾部附加了一个凸出的行李舱。后来，这款更倾向于传统汽车的Airflows销量大增。1937年之后，它的销量才开始下滑。

1935年的Stout Scarab

威廉·布什内尔斯托特将他最初的一款MPV命民为“旅行器”。底特律的企业家和发明家决定将他设计的全金属飞行器车身改编成商业大亨专用的“汽车办公室”。他把福特V8发动机放置在尾部，并将驾驶位置前移。这样，方向盘就几乎位于前轮的正上方。这款车并没有明显的发动机舱盖，四个车轮定位在四个角落，流线形的轮廓塑造了一个纯粹的箱体形状。

驾驶人的座椅是固定式的，而乘客车厢内的其他四个座椅则是多功能设计的典范。后排座椅上的靠背可以变换成一张床，而前排座椅则可以通过旋转和滑动使它面对着后排座椅。在驾驶舱的左侧悬挂着一张折叠式的桌子，主要用于召开车内会议。这款车只有两扇门，一个在驾驶人的左侧，另一个通常在右后方。每款Scarabs都有独特之处，既有同一性，又有特异性。由于5000美元的售价算比较昂贵，所以仅仅售出了九辆。

1947年的塔克49鱼雷

普雷斯顿·塔克曾经是凯迪拉克公司的一个小职员，后来成为一个汽车推销员。在决定建造一款安全性能高的汽车前，他曾是印第安纳波利斯赛车的合作伙伴。早期的设计概念是一个流线型的后置发动机跑车，前后座椅都配有安全带，还有一个带衬垫的仪表板。当汽车受到撞击时，风窗玻璃也会被弹出去。当他们发现这个概念难以实施时，设计团队在1946年末重新设计了一款四门轿车。并配置了一个后置的富兰克林风冷式（量产时变成了水冷式）直列6缸发动机。安全带被省去了，因为有些人可能会误以为它不够安全。同样也取消了旋转的前照灯、盘式制动器和中央驾驶布局的设计。但是，多功能的独立悬架和带衬垫的仪表板却依然保留了下来。

当美国监管机构宣称塔克从经销商和客户筹集资金的行为涉嫌欺诈时，他的公众形象也落得个一败涂地。而这款车最终的成品与最初的设想也是天壤之别。他抗议汽车界同行的陷害，而他也永远地淡出了历史的舞台。随后，塔克公司在孕育了51款汽车后就不复存在了。

1962年的斯图贝特Avanti（阿凡提）

Avanti是一款有名的玻璃纤维高性能跑车。它是在斯图贝特公司总裁舍伍德•埃格伯特主导下，由设计师雷蒙德•罗维具体实施的。这个传说中的美国工业设计天才，最著名的作品就是性感的可口可乐瓶设计。《汽车杂志》在1962年提到："埃格伯特和罗维对汽车的发展方向胸有成竹，他们的设计概念可以归结为14条要求。最重要的有盘式制动器、内置的滚动条、合理的装饰、省去进气格栅、在车身上不出现直线。"内饰是仿照一款经典的意大利运动跑车而设计的。里面的仪表板简洁明了、方便操作，凹背折椅也是用皮革包裹的。标准的斯图贝特V8发动机采用的也是增压式的。

Avanti一经亮相就博得满堂喝彩，只可"惜夕阳无限好，只是近黄昏"。由于斯图贝特公司在1964年破产倒闭了，Avanti经历了短暂的辉煌之后就销声匿迹了。然而，斯图贝特公司以前的两位经销商购买了它的所有权，所以，Avanti II也就卷土重来了。这款车一直生产到1982年才下线。这款汽车是纯手工打造的，年产量约100辆。而其他的制造商则用其他的方式将这款车保留了下来。

1967年的NSU Ro80（德国NSU汽车公司）

今天的新车型，只有极少数能与NSU Ro80相媲美。在1967年，NSU Ro80是最前卫的汽车。它是由Felix Wankel（费利克斯·汪克尔）博士设计的。Ro80惊世骇俗的地方就在于它有一个双转子发动机，这使它拥有了超凡的光滑度。同样令人印象深刻的是这款车惊人的楔形造型。它是由设计师Claus Luthe（克劳斯·鲁特）设计的。

对于一辆大型的五座轿车来说，NSU Ro80的确非同一般。而且，这款车的造型也是非常科学、严谨的。它拥有最优越的空气动力学特性，风阻系数仅为0.35，简直算得上是一款无与伦比的车。即使在经过了风洞试验的奥迪100面前，它也毫不逊色。即使在1987年，它仍然看起来风韵犹存，毫不褪色。

Luthe以其强烈的视觉表达效果和自信推动了德国轿车的现代化。但是，他能迅速地在德国出名，也是因为一个截然不同的原因：在一次激烈的争执中，Luthe误杀了吸毒成瘾的儿子。33个月后，他就被刑满释放了。这充分体现了德国人民对这位父亲的同情。不幸的是，Ro80的发动机太脆弱了。由于NSU拒绝保证期索赔，所以Ro80从此一蹶不振。Luthe随后也曾先后转辗到奥迪-NSU和宝马公司。

1975年的英国利兰Princess

Princess是替代BMC1800/2200系列的车型，它以其独特的风格再次打出了产品差异化策略。这个作品是由哈里斯曼设计的。与他以前设计的Allegro和TR7一样，它拥有楔形轮廓，细长的鼻子和突出的轮拱等特点。虽然它看起来非常有动感，但却并不是名副其实。当你看到它的侧面时，你可能会以为它是一款多功能掀背车。恰恰相反，它的行李舱看起来平淡无奇。新的悬架系统是这款车的一大特色。为了拥有一个有弹性的驾驶体验，它采用了油气减振器悬架。而它的内饰也直接借用了BMC/BL的风格，大气却平淡无奇。

这款车是在1975年推出的。并在奥斯汀公司、莫里斯公司或沃尔斯利汽车公司生产，要么配备一个1.8L的四缸发动机，要么配备一个2.2L的直列式六缸发动机。也就是在这一年，由于销售疲软，英国利兰公司对品牌进行了调整。不畅销的系列被淘汰了，新创立的Princess系列开始发售。这次转变意义非凡。1978年推出的第二代Princess引进了新式发动机，并在品质上有了较大的提升。但是，简洁时髦的Princess对同型汽车并没有什么影响力。

1975年美国汽车公司的Pacer

20世纪70年代中期爆发的石油危机让人措手不及，而美国的汽车制造商也无法推出相适应的产品。而进口的日本车却非常经济，所以他们只能眼睁睁地看着节约型日本车抢占了市场。Pacer就是美国汽车公司为反击日本车而使出的杀手锏。

1971年启动的“Amigo项目”是为了打造出“第一辆大宽度的小型车”。虽然它只有典型的欧洲车的长度，并采用了精致而紧凑的Wankel旋缸发动机。但是，它却满足了美国人所追求的宽敞驾驶舱。这个计划是为了超越预期的安全性能。因此，它增强酒桶形的侧面，并将滚动条合并到了车顶，金鱼碗造型的窗户（占据了37%的车身表面）也使它能够获得更佳的视野。

本来计划是由通用汽车公司提供动力系统的，然而通用汽车公司却取消了旋缸发动机的研发项目。所以，该项目在1974年也随之瓦解。美国汽车公司不得不在汽车上装配自己的直列式六缸发动机。这种发动机体型庞大，非常笨重，而且效率低下。正是因为它，使Pacer性能表现不佳，也非常浪费能源。为了方便后排座椅的乘客进入车内，驾驶人的车门比乘客一侧的车门长4in，而且采用了掀背式顶篷。有了这些新颖的设计作为后盾，1976年的销售数量竟然创下历史新高，达到了117000辆。然而，从那以后订单便大幅缩减。

1982年的福特Sierra

1982年，福特Sierra以其曲线美，小风阻的优美造型，庞大的塑料保险杠，符合人体工程学的内饰引起了轩然大波。惊恐的传统主义者竟然宣称这是一个“果冻模型”。这款车的内部构造大部分取自于已下线的福特Cortina。尽管它配置了一个新式的独立悬架系统，但是仍然可以看出动力传动系统与Cortina如出一辙。这使它和大胆的造型同样都饱受争议。

但Sierra也有值得肯定的创新，比如特有的自我调节悬架和XR4x4。这有助于推广全轮驱动系统。尽管运动版本的XR4i拥有150PS和更坚固的悬架系统，但并不受欢迎。而带涡轮增压发动机的Cosworths却成就了一款轰动性的赛车。二者都采用了双翼式的后车翼，而且都很突出。

由于Sierra有350万辆的销量，不能认为它是失败的。但它如果能使造型更科学，运用更多的高科技，它可能会做的更好。许多买家认为他们被愚弄了，于是将座驾换成更现代的前轮驱动汽车。比如，欧宝Ascona（阿斯科纳）/沃克斯豪尔Cavalier（骑士）甚至是革命性创新的雪铁龙BX。

1991年捷豹XJ220

XJ220原型车首次亮相于1988年，它装配了捷豹经典的V-12发动机，并采用了四轮驱动的方式。而1991年量产车的气缸数和驱动轮比以前少了一半。经济衰退是主要的原因。当速度最快的赛车问世后，那些曾经急切地以403000英镑下了订单的人就取消了订单。本来是一个应该庆祝的时刻，反而造成了金融危机与公共危机。消费者表示：只要他们不用支付余款，他们可以放弃预付款。

展车上的V-12发动机也换成了双涡轮增压V-6发动机。但是它的制动马力仍然非常惊人，高达542PS。然而，完美的外观简直无懈可击，科学的驾驶舱布局也造就了一个极佳的驾驶位置。在现在看来，能够生产如此巨大而且是完全不切实际的一款车，简直是不可思议。它的最高车速至少有213mile/h。如果条件允许的话，可能高达220mile/h。这样的速度堪称神速，真是车如其名。

1998年的罗孚75

当宝马公司在1994年收购英国品牌罗孚后，就一直在尝试重新去诠释它。原计划的罗孚75拥有特有的精确性，并为它创造了一个全新的前轮驱动平台。但是他们几乎没有对新式罗孚车的外观进行过仔细的斟酌。它是一款行政级别的轿车，所以尽量避免刻意地营造运动风格，而是朝向舒适、精致、谨慎的风格以及反古典主义的方向发展。

罗孚75是由Richard Woolley设计的。他曾经将平淡无奇的本田Accord成功地嫁接到了罗孚600，缔造了一段不朽的传奇。优雅的四门结构，柔和的曲线和精致的镀铬条。这些设计非常迎合消费者的需求。要不是宝马利用本次展览抨击英国政府和罗孚公司员工涣散的积极性，可能它将是1998年英国车展上最闪耀的明星。两年后，罗孚75成为MG罗孚汽车集团主要的智慧资产。如今，已经被德国人转让出去了。虽然它是一款好车，而且2005年的销量达到了最高。但是，仅仅靠它一个也无法逆转英国汽车行业萧条的命运。

2001年的雷诺古贝（Avantime）

古贝的外形像一个柠檬，它的风格深受评论家的钟爱。这些评论家就偏爱那些突破行业约束的汽车。这款车的问世也让大家眼前一亮。就连一向精明挑剔的大众也对它赞赏有加。自1984年以来，法国的马特拉公司利用以前设计过的雷诺Espace平台派生出古贝的制造平台。雷诺Espace是一款开创性的塑料车身的MPV。雷诺当时采用产业链的方式来开发这款车（以及钢铁行业），而马特拉公司提供了生产雷诺顶级豪华车的标准制造流程。在MPV的比例上，它运用巨大的体型、双门和四座等概念来营造出时尚感。镀锌的钢板结构和复合材料的车身面板，使它与Espace有了更多的共同语言。

这个大胆而现代的古贝在1999年作为一个概念车进行了展出，当时引起了人们极大的兴趣。巧妙的多关节的车门设计让前后座的乘客出入便利，而且能够保证它在拥挤的城市中轻松泊车。在展览结束三年之后，古贝终于量产化了。但是，消费者很快就反映雷达探测天线有问题（据雷诺回应称，由于这些车门的原因，使它很难做到完美）。直到雷诺在2003年停产时，古贝只售出了8000多辆。

2000年的奥迪A2

A2是历史上第一款采用铝制底盘和车身面板的量产小型车。用可回收的铝制成的A2的质量据说比同型汽车轻40%。94mile/usgal的1.2L三缸柴油机使它成为当时空气动力学性能最佳的汽车，它的风阻系数仅为0.25。

奥迪A2废除了最初的整体式发动机舱盖设计。客户需要的就是水、油、玻璃洗涤剂和一个量油计手柄。量油计手柄位于整洁的可折叠翻板阀后面。人性化的交互界面也运用到了A2的内饰中。两个后排座椅（三个并列的长椅可任意选择）可以分别进行折叠、分离或彻底移除。奥迪的“地板空间概念”：即后座的脚坑比前座的低。它创造了更多的后部乘坐空间，以至乘员可以采用最为适宜的乘坐位置。车顶也可以换成一个全长的玻璃顶篷面板。总之，A2无论是在技术还是节能上，都是遥遥领先的。但是，异常简单而平滑的未来主义风格的波状外形与新Mini的复古风格相比，它还是略逊一筹。这款年轻的奥迪车还未能有机会在全球金融危机中大放异彩，就因为滞销而在2005年下线了。

第十七章

里程碑式的设计

从1899年的第一辆奔驰三轮车发展到如今精致复杂的汽车，汽车设计经历了漫长的蜕变历程。在这个历程中，有一些注重比例尺寸的创新，有一些倾向于发展高新科技。而其他的则引发了社会变革或者改变了我们出行的方式。在这里，我们遴选出了120年汽车历史中最有意义的设计。

1901年的梅赛德斯35马力

戈特利布·戴姆勒用马车改装出了世界上第一辆四轮汽车。随后生产的也都是短而高，性能极不稳定的汽车。为了奔驰品牌的诞生，戴姆勒的工程师重新考虑汽车企业家埃米尔·耶利内克的营销计划。他们推出了梅赛德斯只有35PS，是运动型旅行车，这是一次革命性的突破。它所创造的这个新型的形式成为大多数汽车制造商竞相模仿的对象。它以一个压制钢底盘为框架，乘客座椅放置在阀盖下方的四缸发动机以及蜂窝散热器的后面（而不是在上面）。它有一个齿轮变速器、一个脚踏加速踏板，一个倾斜的变速杆。由于它的重心较低，极大地增强了抓地性能。

1908年的福特T型车

亨利·福特的T型车设计的非常巧妙。它以轻巧、简洁、坚固耐用而著称，它被视为一个经典的设计。因为，生产的数量越多，成本反而越低。起初，有五个制造工厂提供不同的车身样式。为了能应对美国破烂不堪的道路，所有的T型车都采用了10.5in的离地间隙。随着车顶高度的提升，T型车的高度达到了7ft（1ft=0.3m）。据介绍，在一些部件的批量生产上引入了流水线的生产方式，价格便宜、持久耐用的黑亮漆的喷漆步骤也进行了标准化，并引进了快干技术来提升生产效率。1962年，随着快干纤维素漆的问世，人们再次拥有了颜色选择权。

1922年的蓝旗亚Lambda

蓝旗亚运动版的Lambda拥有良好的操控性。特有的V-4发动机、独立的前悬架系统以及建筑式设计理念，使它开辟了一番新天地。它是第一辆消除其中一个独立底盘架构的汽车。其刚性结构包括一个压制钢骨架成形底盘、天窗、车身下部以及尾部，甚至连座位的厚靠背垫也是其中的一部分。而发动机则放置在一个附加的轻支架中。一体化的结构意味着消费者必须被动接受工厂的设计，而不是车身制造厂定制的外形。当时，只有豪华汽车才能定制生产。

1932年的布加迪Type55

埃托雷·布加迪的儿子Jean培养了强烈的工程学概念以及对线条与形态独到的艺术眼光，这令公司创始人埃托雷·布加迪喜出望外。尽管他只有22岁，但是他受到美国人的启发而设计出双凸轮轴电动机。这足以使Jean影响布加迪品牌的发动机设计，这远胜于一个车身设计师。Type 55敞篷车以其毫不逊色的无门驾驶舱，强烈的双色喷漆以及炫酷的挡泥板，成为一个经典的设计。铸铝是最适合汽车车轮的合金。而异国情调的形式则是为了削弱双凸轮八缸发动机的Type 51 GP汽车的影子。这款车仅仅售出了38辆。

1934年的雪铁龙Traction Avant

当它首次以雪铁龙7A亮相时，笼罩在这款四门轿车上的各种荣誉光环立刻使它变得潇洒而时尚。它是第一辆采用前轮驱动方式的汽车。由于动力系统放在前面，外形比较低矮。动力则通过三速手动变速器传递到前轮。在汽车的结构上也有了新的突破，Traction Avant放弃了独立的底盘架构结构，而采用了先进的自承载式全钢车身结构。1934年，在Traction Avant上装配了一个1911mL排量的Light 15发动机。这个配置是所有系列中最经典的一款车型。Traction Avant是平等主义的巴黎风格的代名词。Traction一直生产到1957年才下线。

1938年的雪铁龙2CV

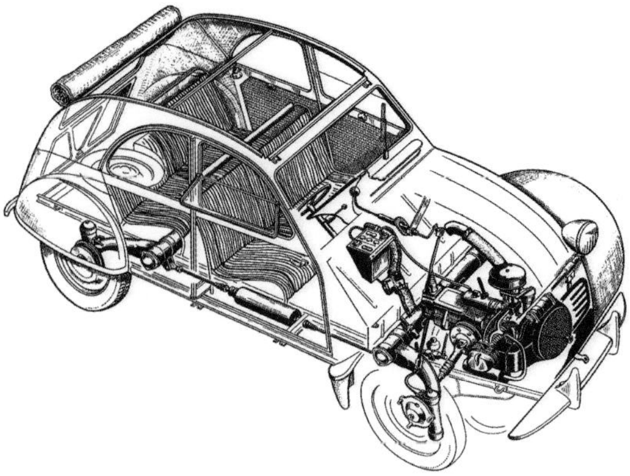

在Deux Chevaux汽车上，运用了包豪斯的建筑学语言。它是以功能主义为指导原则的：能够携带两个农夫和50kg的农产品，能够以30mile/h的速度穿梭在田野之上，而且还要保证车上的人员毫发无损，货物完好无缺。最终，在米其林公司的支持下，工程师计师 Pierre Boulanger（皮埃尔·布朗）提出了低重心的小型车概念。它完全就像是一个车轮上的蜗牛。它在1948年进行发售，并成为了法国的国民车。在此之前，人们对它还一无所知。这是一个令人难以置信的40年。

1938年的大众甲壳虫

当然，它本来并不是被称为甲壳虫的。它是阿道夫·希特勒心目中理想的德国“国民车”。最初被称为Kraft durch Freude，意为“欢乐就是力量”。在经过多次实验之后，甲壳虫最初的造型在1938年诞生了。它是一个后置发动机的四座家庭汽车，由设计大师费迪南德·保时捷设计。它是典型的形式追随功能的设计风格。发动机后置的布局方式也允许它拥有一个较短的前悬以及集成式的车身主体。一个锥形的尾部更使甲壳虫的整体造型与流线型的风格相得益彰。它完美的轮廓以及内饰对雷诺和菲亚特汽车都产生了深远的影响。直到2003年停产时，甲壳虫共计销售了2100万辆。

1942年的威利斯吉普车

这是一款真正由士兵设计的汽车，而吉普也是美国汽车坚固耐用的象征。在二战期间，总共生产了近600000辆吉普车。乔治·马歇尔将军也曾称吉普为“它对美国战争的现代化功不可没”。1938年，美军就在寻求一种快速、轻便、全地形的通用式车辆，而威利斯一越野车概念则正好符合他们的心意。它宣称吉普拥有可选择的两轮驱动或四轮驱动方式，80in的轴距以及660lb（1lb=0.45kg）的有效载荷。吉普很快便成为了一个家喻户晓的单词，因为它与单词General Purpose的缩写首字母GP的发音相似。二战结束后，威利斯便将功勋卓著的吉普注册成了一个商标。

1947年的西斯塔利亚202

这件作品是由宾尼法利纳工作室的Giovanni Sovunuzzi完成的。它是第一辆GT轿跑车，拥有精致完美的线条。它曾是1950年由纽约现代艺术博物馆主办的主题为“八大汽车”展览的展品。博物馆馆长阿瑟·德雷克斯勒曾赞扬西斯塔利亚为“运动中的雕塑”。它是唯一一辆被现代艺术博物馆永久收藏的汽车。Sovunuzzi在菲亚特公司工作时就萌生了这个想法，但是直到他转投宾尼法利纳后才将它变成了现实。西斯塔利亚202上采用的细节设计与宾利欧陆和保时捷356同样丰富。

1949年的捷豹XK120

尽管它算不上一个开创性的设计，但是XK120确实是一款形体优美，比例匀称的双座敞篷跑车。它与20世纪30年代末的宝马、Talbot和 Delahaye的跑车有点类似，但没有一个能够做到捷豹这么成熟。汽车公司法定创始人，个人主义的独裁者——威廉•里昂斯是一个设计天才。他迫使捷豹品牌改变了发展战略，里昂斯认为首要任务是打造一个盈利的运动型轿车品牌。在1948年的“伯爵庭院”车展上，本来只是打算将XK120作为一个小插曲进行展示。但让人意料之外的是，它将捷豹品牌打造成了运动型轿车和赛车的巨头。

1953年的蓝旗亚Aurelia B20

蓝旗亚品牌拥有悠久而辉煌的设计史，但是宾尼法利纳的这个作品却是它们之中最杰出的一个。它是第一辆快背式汽车，拥有一个强大的（也是首创）的V-6发动机，并在后轮轴上有一个变速器。这款汽车拥有完美的重量布局。这对一个有经验的拉力赛赛车手来说，无疑是最有吸引力的。但是即使是一个旁观者，也会被它圆润、优雅和精致的造型所折服。它只生产了4000辆，如今它们被奉为至宝。如果硬是要说后来同样由宾尼法利纳公司设计的Spider版本与Aurelia B20的区别的话，无疑后者更加豪华。

1953年的雪佛兰科尔维特

1953年1月在纽约华尔道夫酒店举行的Motorama车展展示了各种令人眼花缭乱的汽车，它们都是通用汽车公司最近研发的新型汽车。让人诧异的是，竟会是一款新式运动跑车占据了舞台的中央。首席设计师哈里•厄尔首次将他梦寐以求的汽车变成了现实，而且它看起来就像是准量产车。公众对这个大胆的玻璃纤维制的敞篷车有如此大的热情，以至于通用汽车迅速将它实现了量产化。令人惊讶的是，哈利•厄尔只花了短短的15个月就将科尔维特从油泥模型变成了原型车。但是由于时间仓促，这样一个经典的设计也只能使用老式的六缸发动机。直到后来改换成V-8发动机，才使这款车的价值与销售价格相一致。

1954年的梅赛德斯-奔驰300SL

300SL不仅仅是一辆浓妆淡抹的赛车。因为，无论从外观还是驾驶性能上来说，300SL都算得上一辆好车。它采用了前沿的高新科技，150mile/h的速度完全就是专门为长途跋涉而设计的。鸥翼式的车门，膨胀的轮拱以及优雅的弧角尾部造就了300SL，使它成为最容易分辨的汽车。而且，它也是最快的跑车之一：只有少数手工打造的法拉利和玛莎拉蒂能够与之媲美。SL 代表超轻型跑车，因为它的车身是用钢铁与铝合金面板建造的，并由一个轻量化的复杂管状空间框架支撑着。

1955年的雪铁龙DS19

现在，我们几乎难以想象DS推出以后的影响力有多么巨大。无论是欧洲车还是美国车，只要在太空式的线条面前都显得过时了。在DS19上，高新科技随处可见。包括液压气动式空气悬架，动力换档以及镶嵌在塑料车顶上的指示灯。在1955年的巴黎车展上，人们争先恐后，只为一睹鲨鱼造型的DS19。它是由弗拉米尼奥•贝尔托尼设计的。贝尔托尼是雪铁龙公司的一个设计师，主要负责雕塑工作。它也激发了法国文化评论家罗兰•巴尔特的灵感，将汽车比喻为大教堂。他注释到：“它是一个时代的巅峰之作，是一个名不见经传的艺术家激情的构思。”

1955年的克莱斯勒300

克莱斯勒300在表现性能上绝对可以与超级跑车相媲美。克莱斯勒首席设计师维吉尔•埃克斯纳设计的双门运动跑车自称是一个引领时尚的造型。它拥有一个简洁、倾斜而圆滑的侧面。而它也是当时克莱斯勒公司最高档的车型。特别是与竞争对手凯迪拉克和林肯比起来，克莱斯勒300比这些镀铬泛滥的汽车要时尚的多。尽管随着岁月的流逝，随后的300系列增加了车重并增加了一些装饰性的肌肉。最初的300为沃尔沃亚马逊、罗孚赛季和标致403提供了灵感。而它也被遗忘了，不再是用来衡量优雅性和可靠性的标准。

1957年的菲亚特Nuova 500

菲亚特公司的丹特•吉奥科萨担任首席工程师一职长达40年。这个项目也是在他的指导下进行的，而大多数其他的成员都是初来乍到的。他们在1957年成功设计出了Nuova 500。它的尺寸与1936年最初的Topolino相似（意大利称为小老鼠）。但是它采用的是后置后驱的驱动方式，蛋形的造型就像是一个精心制作的时尚艺术品。Vespa摩托车标志着意大利进入两个轮子的时代，而现在的Cinquecento又使很多意大利人尝试了四轮时代。Nuova 500一直生产到1975年，后来被126取代。但是，却只有2007年的新500传承了它真正的精神。

1958年的奥斯汀A40

1958年的奥斯汀A40是一款风格清晰，而且非常流行的家庭式汽车。随着20世纪70年代微型车的问世，你会发现紧凑型两厢车将占据市场的主导地位。然而，A40没有自夸它首创的一体式的掀背式后门。而国民版本的汽车则提供了一个可拆分的挡板，这样可以获得大部分的空间。A40也非常具有代表性，因为它是提倡设立独立的汽车设计工作室的主要代表。而在此之前，制造商只能依靠公司内部的研发能力。

1959年的奥斯汀Healey 3000

1952年伦敦车展上展示的Healey 100原型车是世界上最便宜的运动型跑车。它的速度能够达到100mile/h，而且毫无疑问它是最美丽的汽车之一（感谢Healey的设计师格里·科克）。在以上展会前夕的晚餐上，奥斯汀的伦纳德勋爵和赛车手唐纳德·希利进行了促膝长谈。在展会闭幕时,汽车被重新命名为奥斯汀-Healey100：一个新的体育品牌被检录到英国的商标中。1959年的Healey 3000装配了一个更大型的发动机，一个改头换面的车鼻，并采用鲜明对比的双色调涂料。而它也成为该系列最终定型的风格样式。

1959年的凯迪拉克Eldorado（埃尔多拉多）

凯迪拉克Eldorado是设计大师哈里·厄尔的封笔之作，也是最后一辆拍戏用车。它总长20ft，巨大的尾翼更是飙升到开创性的42in。一对子弹形状的弧面突出了喷气时代的色彩，而制动车灯则镶嵌在其中。厄尔说：“我们并没有轻视这些汽车，我们很欣赏你的创意。”正面的双前照灯和双夹层格栅也同样与众不同。1959年改款的汽车则是双门De Villes轿跑车以及大型弗利特伍德75无支柱的四门硬顶豪华轿车。最让人怀念的还是Eldorado Biarritz敞篷车，特别是那些喷涂粉红色喷漆的汽车。

1959年的捷豹MkII

因为汽车外观而获得殊荣对威廉里昂斯来说已经习以为常。他是捷豹品牌的创始人，也是汽车行业的“发电机”。虽然他没有充裕的时间做到事必躬亲，但是他对特征线条敏锐的眼光使捷豹看起来美轮美奂。而MkII只是MkI的升级版本，但是它却在驾驶舱、腰线以及首尾部上进行了改进。相比之下，上一代的MkI就显得笨手笨脚了。它是一款影响力非常微妙的汽车：在20世纪90年代中期，克莱斯勒在新款LH轿车的舷窗上采用了圆润的线条设计。

1959年的宝马迷你

艾立克·伊斯哥尼斯总是反对那些“病急乱投医”的设计概念。然而，伊斯哥尼斯设计的迷你外形只是为了装饰。而在后来，它却成了世界上最具创新性，装卸最方便，而且空间相对最宽敞的汽车。尽管如此，只有它的外形设计能堪称经典。令人惊讶的是，深度模仿者却非常少。只有本田最近发布的N360和N600是参考了迷你的设计。大多数为引擎后置，而且空间非常狭窄。Issigonis肯定会对这样的设计嗤之以鼻。尽管宾尼法利纳尽量将野性主义的设计文明化了，而形式追随功能的设计风格在英国汽车公司的1100和1800上传承了下来。

1960年的雪佛兰Corvair（考威尔）

与前年的凯迪拉克轿车相比，Corvair可谓是一个生性威猛的设计。这个项目是在通用汽车公司的比尔·米切尔领导下，并由设计师内德·尼克尔斯设计的。简洁干脆的线条，一条环绕整个车身的凸出“腰线”，一个完全环绕式的后风窗玻璃窗。这个设计曾使20世纪60年代欧洲的新一代汽车设计师深受启发。比如，后来亮相的NSU Prinz 4、Hillman Imp、菲亚特1300/1500和Simca 1000。运用在它上面的高科技也常常引人入胜，比如后置的风冷式六缸发动机。但繁琐的操作程序却让Corvair成为美国现代安全消费运动之父拉尔夫·纳德笔下的替罪羊，这使它永远无法重见天日了。

1961年的阿斯顿·马丁DB4

它就是盎格鲁—撒克逊风情与意大利风格的完美结合。这款英国车的车身是由米兰的Touring公司设计的，Touring公司的前身是一个汽车车身制造商。它是一款旗舰版的英国旅行车，同时也是戴维·布朗掌权后的第一款全新的阿斯顿·马丁轿跑车。它保留了DB2上形似斗牛犬的气质，但最高速度却提升到了140mile/h。DB4拥有全新的底盘和双凸轮轴直列六缸发动机，它可以提供240PS的制动马力。Touring公司提供了一个苗条的快背式车身。也采用了Superleggera结构体系，即在薄薄的管状框架上包裹铝合金面板。

1961年的捷豹E-Type

E-Type是公认的史上最美的汽车，它是纽约现代艺术博物馆的永久藏品。首先，它的外形比较性感。其次，空气动力学专家马尔科姆·萨耶尔塑造了出色的空气动力学特性。然后再配上威廉姆·里昂斯（见图片）绝佳的宣传技巧，最终成就了这款杰出的E-Type。车身光滑而圆润，它的设计灵感主要来自于在勒芒24 小时耐力赛拿下三连冠的捷豹D-Type。然而，在1971年的第三代E-Type首次装配了先进的V-12发动机。它的体型却是柔软而丰满的风格。这完全偏离了原汁原味的E-Type风格。

1961年的雷诺4

作为雷诺公司对雪铁龙的回应，雷诺4真可谓是姗姗来迟。当它首次亮相的时候，极简风格的雪铁龙2CV13年的销售量已经高达数百万。雷诺公司再一次开辟了新领域：雷诺4是雷诺公司的第一辆前轮驱动轿车。但是，它的发动机却是纵向放置的。它首先提出了一款拥有可折叠后座椅的紧凑型五门掀背车。人们对简约型的雷诺4好评如潮，它也顺理成章地成为了法国最畅销的汽车。直到1993年年底，它基本上还是一个镀锡的罐头造型。它一直保持着原有的特色，比如全景式的滑动车窗。

1961年的林肯Continental（大陆）

“对开门”的Continental是美国最重要的车型之一。它并没有跟随美国国产车的潮流，而是舍去了尾鳍设计和镀铬处理。林肯Continental上的线条简洁朴素，侧面非常平直，整个汽车豪华而经典。它虽然采用了美国汽车的比例，但是感觉更像欧式风格。整个设计团队包括 Eugene Bordinat、Don de la Rossa和Elwood Engel。铰链安装在后侧的后门和“对开门”的绰号使Continental成为了财富和地位的象征。除了1963年约翰·F·肯尼迪总统乘坐加长版的Continental在达拉斯遇刺身亡这件事以外，白宫给予它的评价都非常高。

1963年的吉普Wagoneer（牧马人）

吉普Wagoneer出自设计师Brooks Stevens之手。当你看到它时，你可能会觉得它其貌不扬。但是，高傲的Wagoneer却为方正而霸气的运动型多用途车的造型奠定了基础。也就是我们今天所看到的路虎揽胜，五十铃Trooper和一系列美国越野车：比如福特野马、雪佛兰开拓者。Wagoneer 161cm的车高不仅被窗口下面的一行腰线所隐藏，而且全长的车体折痕和将车身与挡泥板分开的轮廓线以及内嵌式的脚踏板更是将它衬托的完美无缺。苗条的窗口支柱确保了驾驶舱内的通风和充足的光线。

1963年的保时捷911

保时捷911是由费迪南德·亚历山大·布兹·保时捷（见图片）设计的，它被誉为有史以来最伟大的跑车。布兹·保时捷是该公司创始人的长子。它的起源可以追溯到希特勒时代，和以前的保时捷356同属一个系列。历经50年后，今天的911上仍然能够看到1963年的大斜背设计的影子。尽管它的形象此起彼伏：20世纪60年代和70年代的买家主要是经验丰富的狂热爱好者。而到了20世纪80年代中期，它成了雅皮士阶层的代表。对于包括保时捷在内的一些汽车而言，它们的形象都改变的非常缓慢。

1963年的法拉利250 GTO

它是历史上最著名的运动型赛车之一。它曾经在国际GT赛车锦标赛中获得过三连冠。这款GTO配置了前置的V-12发动机。评论家说，赞美这款车的最佳方式就是去体验它。据称，它的最高车速能够达到180mile/h。然而，俯冲式和功能性的双座轿车车身也是一大特色。它是在Sergio Scaglietti与法拉利的赛车部门工程师Mauro Forghieri的密切配合下完成的。除了几个必需的进气口以外，它的造型非常朴素。中置发动机的布局方式还没问世之前是汽车比赛的黄金年代。而GT汽车的轮廓最能唤起人们对那个年代的无限神往。

1964年的福特野马

从本质上来说，福特野马是一款运动型紧凑级轿车。它成功地把握了新一代美国人追求自由、勇往直前的个性。它也是始终保持畅销的汽车之一，仅在1964年就售出了418 000辆。Lee lacocca（李•艾科卡）是福特公司首席执行官。他一向胸怀大志，而野马则是他智慧的结晶。野马是以福特的Falcom为基础的。其清新、仿欧式的风格融入到了可折叠的快背式轿车中。野马拥有一大排整齐的控制面板和电源按键。直到1968年，竞争对手开发出一款能与之匹敌的小马型汽车，福特公司才放弃了这个完美的造型。

1965年的雷诺16

通过比较，我们就会发现今天的雷诺Laguna（拉古娜）是以雷诺16为基础的。比如，都具有实用性的五门设计，稳定的前轮驱动方式，舒适的乘坐空间，高速驰骋的耐力以及时尚而精致的风格。雷诺16内在的魅力来源于汽车的整体布局。与当时主流家庭轿车相比，雷诺16的行李舱设计可谓是别具一格。即使以现在的眼光来看，掀背车的高度也是不合理的。雷诺公司专门聘请了Philippe Charbonneaux作为设计顾问，让他来设计这款豪华的混型车。他曾参与了第一代雪佛兰Corvette的设计。而他做的设计为雷诺16塑造了一个非常实用的形象，并赋予了一个锋利而醒目的风格。

1965年的丰田2000 GT

在1965年的东京车展上，丰田2000 GT绝对是一个轰动性的新闻，人们将它比喻为日本的捷豹E-Type。它是由德国的艺术家和工业设计师Albrecht Goertz伯爵设计的。它看起来非常完美，总高45in。一个150PS的双凸轮轴六缸发动机，莲花式的底盘骨架，五速变速器，齿条齿轮传动装置，全方位独立的螺旋弹簧悬架以及抛光的铝合金车轮等特色足以让汽车爱好者疯狂。然而，直到1967年5月你才能买到2000 GT。尽管如此，它却只能在价格上打压一款保时捷轿车。这也反映出一个事实：2000 GT几乎是手工打造的。丰田2000 GT总共只售出了337辆，所以它在1970年10月就停产了。

1966年的兰博基尼Miura

兰博基尼公司曾是一个拖拉机制造商，然而在20世纪60年代的时候决定转行挑战法拉利。虽然他不想让年轻的工程师建造赛车，他很高兴地支持了这款采用中置发动机的双座跑车。这个出色的设计曾受到过F1赛车的启发。单一的底盘式结构以及V-12发动机横置于驾驶舱之后的布局理念是由博通公司提出的。鲁乔•博通让他的得意门生——25岁的马塞洛•甘迪尼参与了这个设计。Miura是一款大胆而感性的车，但是却丝毫没有影响它的效果。上掀式前照灯周围的“睫毛”是最显著的特征。它是公认的第一辆超级跑车。

1966年的宝马1602

汽车设计就好比一本国际化的词典，而且事情远非表面所看到的那样。事实上，杰出的小型宝马轿车塑造了著名的德国风格。但是，它很大程度上还是受到了意大利著名的设计顾问Giovanni Michelotti（奥瓦尼•米切洛蒂）的影响。1961年，他设计的宝马1500开创了现代化的宝马造型。他将技术与艺术完美融合的结晶呈献给了人民大众。这两款车都含有独具特色的隆起，它一直从车头延伸至后侧窗的下角落。尽管这个设计来源于Michelotti设计工作室，但是它却被外界认为是宝马设计总监威廉•霍夫迈斯特（1955-1975）创造的一个著名的霍夫迈斯特拐角。

1969年的达特桑240Z

达特桑240Z是日本首辆成功国际化的运动型跑车。它是由Albrecht Goertz（阿尔布雷希特•葛尔滋）伯爵（因设计BMW 507而出名）设计的。棱角分明的设计使它注定要成为20世纪70年代最畅销的车型。达特桑240Z利用良好的平衡性和肌肉感的线条来弥补浪漫主义的缺乏和品质的缺陷。240Z拥有长长的发动机罩，镶嵌式的头灯和那充满张力的后臀设计。这些元素都证明240Z的设计元素深受捷豹E-Type的启发。除了车轮装饰不好看以外，当然这也是日本车典型的软肋，纯洁而优雅的特点已经足以使240Z脱颖而出。

1970年的路虎揽胜

在路虎揽胜系列中，设计师大卫·巴赫创造了一个匀称完美的形象。它虽然被广泛模仿，但是从未被超越过。正如1970年6月显示的那样，从未有过一辆车拥有它这样惊人的承载能力。它拥有卓越的驾驶性能，轿车般的舒适和一定程度上偏离了路虎揽胜强大的实用性的风格语言。当功能至上的时候，它的车身拥有一个全新的清新风格。一年内，它的订单就遍布世界了。它是唯一一辆作为现代雕塑品放在卢浮宫展览过的汽车。它与传统的红色电话亭一样，也被视为英国的一个标志性符号。

1971年的菲亚特130 Coupe

在Paolo Martin（保罗·马丁）成为一名自由工业设计师之前，他曾是20世纪80年代宾尼法利纳公司矮胖式设计的幕后设计师。劳斯莱斯 Camargue（卡玛格）、标致 604都出自他之手。当然，最出色的设计还是菲亚特公司在战后最大的一款轿跑车版轿车——Fiat 130。车身拥有良好的平衡性，乘坐空间也相对宽敞，突然截断的车头和车尾也相互呼应。事实上，汽车的每一个视角都能看到由精致的曲线反射出的光线。至今，它仍然是一个从未被超越的杰作。

1971年的兰博基尼康塔什

在随后的几年，兰博基尼康塔什却无法突破自己的束缚，而是一味地模仿。它成为一款庸俗的收藏品，只要是那些财大气粗的富人都可以拥有一辆。但它并非一直是民粹主义的代名词。博通在1971年设计的第一代鲜黄色原型车拥有科幻的造型，在风格上也是简约而不简单。所以，康塔什注定要取代Miura而成为兰博基尼公司的旗舰版超级跑车。Miura与康塔什都出自马塞罗·甘迪尼之手。Miura感性而富有肌肉感，而康塔什则是科幻而犀利的楔形造型。它的最高时速也远胜于Miura，高达186mile/h。同时，“Countach”则是来源于意大利皮埃蒙特的方言，意为语气感叹词“wow”。

1972年的雷诺5

雷诺公司拥有丰富的设计文化历史，而这些标志性元素都使雷诺5锦上添花。它是由设计师Michel Boue设计的。不幸的是，年仅35岁的他就英年早逝了。而当时雷诺5都还没有进行量产。雷诺5是一款敏捷、实用性很强的前轮驱动小型掀背车。正是这款灵活的小汽车改变了汽车市场的格局。它拥有鲜明轮廓的两厢式造型，可以沉降到保险杠高度的行李舱门以及注射成型的保险杠和仪表板。雷诺5开创的新概念被其他车型广为效仿。很明显，当代最畅销的微型车都参考了雷诺5的设计。比如，福特Fiesta（嘉年华）、标致207和雷诺Clio。

1974年的大众高尔夫

大众高尔夫是乔盖托·乔治亚罗的标志性设计，也是最经典的一款掀背车。它的设计理念和甲壳虫一样简洁有力，这使它拥有良好的市场前景。与甲壳虫一样，它简洁、可靠，是一款高品质的现代型汽车。可真是同病相怜，高尔夫在底特律车展也受到了冷嘲热讽（通用的Bill Mitchell戏称它就像是吞下了一个箱子的牛蛙）。但是，最终还是高尔夫笑到了最后。前一代的高尔夫不会轻易淡出历史的舞台，所以要等很长时间才能看到下一代高尔夫。总之，高尔夫在自己的领域创立了一个全新美学标准。

奥迪100

比例协调的奥迪100曾在20世纪80年代至90年代初引领了汽车界的潮流。它让空气动力学成为汽车销售的法宝。虽然它处在一个经济萧条和石油价格昂贵的时代，但是光滑的造型仍使它“炙手可热”。它的风阻系数仅仅为0.3，这从侧窗上就能感觉出来。同时，平直的车轮面、平整装配的玻璃等特点都有助于降低空气阻力。为了能与朴素的外观设计相呼应，它的内饰设计也是朴实无华。你绝对想不到，奥迪100上很多的设计都出自一位RAC的毕业生——Martin Smith（马丁·史密斯）之手。

1983年的菲亚特Uno（乌诺）

乔盖托·乔治亚罗早就提出过一个具有前瞻性的概念：未来设计的焦点放在乘坐舒适性上。而菲亚特Uno则让它成为了现实。他创立的Italdesign设计顾问公司曾创造出一大批优秀的概念车。比如，1976年的阿尔法罗密欧Taxi、1978年的蓝旗亚Megagamma和1982年的阿尔法罗密欧Capsula。而这些概念车都是以高大威猛的车身和舒适宽敞的乘坐空间作为设计理念的，而这恰恰与20世纪70年代车身低矮的密封式设计潮流相违背。拥有深色玻璃和宽阔的顶部空间的Uno将这个深受欢迎的新形式呈献给了观众。这使菲亚特公司在微型车市场以压倒性优势击败了竞争对手——福特Fiesta（嘉年华）和大众Polo。

1984年的雷诺Espace

Espace是欧洲MPV车型的先驱，它也拥有一段曲折的发展史。它最初是由英国的Chrysler Europe（克莱斯勒欧洲）设计工作室的Fergus Pollock（费格斯·波洛克）设计的，并计划由该公司的合作伙伴马特拉公司进行量产。但是，Chrysler Europe后来被标致公司收购了。所以，这个设计又被马特拉公司的Antoine Volanis进行了改进。该设计师曾参与了马特拉公司从Djet到Rancho的每一款汽车的设计。后来，雷诺介入了这个设计，并改回到了原来的设计。讽刺的是，美国的克莱斯勒公司早在一年之前就已经凭借多功能休旅车抢占了市场份额。但是，Volanis精巧的7座单厢式设计还是赢得了竞争。

1996年的福特Ka

拥有曲线美的小型福特掀背车在1994年首次亮相。它那樱桃红的车身与名字搭配的真是天衣无缝。Ka听上去确实是一个非常愚蠢的概念车名字，而很不正经的外表也保证会让你会心一笑。这是由克里斯·斯文森操刀设计的，并在1992年英国皇家艺术学院的毕业设计展上展出。他对具有前瞻性的未来主义风格的小型汽车造型进行了探索，并展示了自己的设计哲学。四年后，Ka就上市发售了。可爱的曲线插入到新锋锐式的椭圆中，而由巨大的塑料保险杠塑造出的下翼也打造出一款别具一格的概念车。

1997年的丰田RAV4

丰田RAV4是四轮驱动休闲运动车发展为人们日常生活必需品的转折点。它并不是第一款紧凑级SUV——运动型多用途车，而是1988年的大发Feroza/Sportrak（费罗莎/探路者）。但是，如果说到将道路汽车动力学（幸亏有改良的Camry（凯美瑞）平台），越野性能和舒适的驾驶位置结合的最完美的话，RAV4无疑是最成功的一个。它是一个将掀背车，运动型跑车和四轮驱动方式相结合的奇异体。消费者对它的外观造型和表现性能（几乎所有的设计都发挥到了极致）都非常满意。虽然后续的版本削弱了第一代RAV4的紧凑感，但是它依然能够在竞争中立于不败之地，依然引领了汽车潮流。

1999年的奥迪TT

这又是一款以精心设计的概念车作为生命起点的量产车。奥迪TT是由Freeman Thomas和Peter Schreyer设计的（弗里曼·托马斯和彼得·希瑞尔）。他们打破了传统汽车设计理念与产品设计规则的束缚，进行了大胆地创新。简洁而平滑的线条和特征曲线都深受20世纪30年代的德国包豪斯设计运动的启发。这一运动是消费心理学上的一个自发行为，而且在后来风靡一时。然而，由于科技的不断进步，平台共享使奥迪TT的量产成为了可能。如果没有独树一帜的造型的话，奥迪TT在本质上与大众高尔夫和斯柯达欧雅没有什么差别。

2000年的MCC smart

微型车公司最初是由瑞士手表大亨尼古拉·哈耶克提出。20世纪50年代正是经济不景气的日子，当时实用的泡泡车流行了起来。而他的这一构想正是为了唤醒人们对久违的微型车的兴趣。他准备打造一款物美价廉而且富有趣味的迷你型两座都市车。然后就开始着手设计概念和原型车的制作。最终，这款形似玩具车的Smart就在第一个合作商大众公司投产了。后来，又转投到了梅塞德斯-奔驰的门下，Smart在这里打开了销路。当时，权威人士认为这款生动形象，姿态笔直而且富有创意的设计不会畅销。但是，事实证明他们错了。在交通拥堵的欧洲城市，人们对这款车爱不释手。

2000年的迷你

任何重新诠释伊西戈尼斯设计的尝试都将会引发争议。但是，2000款迷你却是一款经典的迷你车。除了活泼的性格和自信的驾驶乐趣之外，它的任何方面都已经过时了。因此，设计负责人Frank Stephenson（弗兰克·斯蒂芬森）决定将新款Mini打造成复古的风格。而宝马的汽车产品规划师则决定顺应潮流，并满足无子化家庭。他们计划将这款车打造成“二加二”布局的汽车。这些客户有大量可支配的资金来挥霍，所以他们可以根据自己的喜好定制Mini车。这的确是一个明智的增值服务策略：在五年中，它的销售业绩与第一代迷你一样畅销。

2002年的宝马7系

宝马7系列E65永远不会成为汽车名人堂的明星。尽管它已经打造的非常成熟了，但是它也仅仅是众多大型行政级轿车中的一员。它不得不面对精明的消费者，并要在已经确立的市场中争夺份额。拥有双夹板行李舱盖的“班戈屁股”，巨大的车轮以及夸张的造型等元素都足以让人们铭记于心。但是这款车的设计也激起了巨大的争论，尤其是在网上更为热烈。缔造它的设计师是克里斯·班戈，他始终坚定自己对宝马主流汽车风格的决策。无论批评还是赞美，都说明了他们对我的关注。无论评论家、专业人士或非专业人士赞美我或者是批评我，这些都不重要，重要的是他们关注了我的设计。虽然饱受争议，但是销售业绩却丝毫没有受到影响。

2008年的丰田iQ

日本极简主义风格的iQ简直让全世界难以抗拒，因为它是属于这个时代的一款车。微小的体型和三缸涡轮发动机等元素都表明它是一款环保型的设计。为了能在紧凑的空间中实现三加一的座位布局，它将油箱、差速器、座椅，甚至是空调装置进行了精简。和Smart、MINI一样，它的悬架结构也被省去了。巨大的车门和车轮掺杂了都市微型车的感觉，它就像是由丰田与阿斯顿·马丁联合提供的定制版轿车。

词汇表

该词汇表由考文垂大学汽车设计专业课程主任David Brown（大卫·布朗）编写，其综合了汽车设计专业术语、表达式和专业技术等方面的内容。这是一个更新的版本，原版可在cardesignnews.com上查找。

汽车腰线（Beltline）

在汽车侧窗下的腰线是由驾驶舱和车身侧面或是肩部的交界处形成的。腰线的位置及倾角影响着汽车的美观和比例，以及汽车气质和格调。一辆有着低腰线和高驾驶舱的汽车显示了其精致、优雅或是现代感的特征。而一辆有着高腰线和低驾驶舱的汽车便显得强硬和不大气。一个不断延伸的腰线增加了汽车修长感和时尚的楔形感，同时呈现出一种具有目标和方向的动态感。

英语（英）：腰线（waistline）。

车身截面（body section）

在90°的方向观察车身侧面的垂直剖面可以更好地帮助理解和欣赏汽车外形。在车身表面的胶带线可以很好地表达一个区域，一个开着的前车门的后边缘可以很好地说明胶带线的效果，但是只有在这一点上；车身截面是变化无常的。通过一些典型车身截面就可以发现大多数截面都有凸起的主要表面，虽然折痕和特征线可以体现局部的负对比。

车体宽线（body wide line）

在汽车（除后视镜）最大宽度处的侧线是可以测量得到的。它可以由一个折痕或是任何主体截面线产生，但是对于实际情况（如停车场等），通常被设计为一个侧身保护线条或是防擦条。其发展趋势是避免添加侧身保护线条，而是由一个更精细的折痕来表示车体宽线。

骨线（bone line）

（板筋线、特征线、折痕线、特征造型线条）：

在这些术语之间没有一个很好的界定，这导致了一定的术语间的互换性。虽然不是结构本身，但所有上述术语在加强车身刚度和减少振动方面起着非常重要的作用。然而他们将成为汽车可视结构的一部分。

他们的主要目的是各种创建定义，增加重点、视觉兴趣、设计组织，以及引导或是欺骗大众的眼睛。骨线是汽车车身侧面上一个正的线性峰值，比折痕线更加突出。可以这样比喻，骨线如"肌肉健硕的肤肌"（haunch），这意味着金属片在某些更有结构感的地方要捉襟见肘。一个有趣的或是独特的骨线可以成为一个特征造型线。

发动机舱盖（bonnet）

英语（英）：发动机舱盖（hood）。

隔板（Bulkhead）

英语（英）：防火墙（firewall）。

舱位前移（Cab forward）

驾驶舱前移的设计是由克莱斯勒创造，并在1987年第一次出现在波托菲诺概念车上，从此在汽车家族中开创了一个新的产物——舱位前移车型，包括1993年道奇无谓和1994年克莱斯勒LH和纽约者。整体包的好处在于空间：通过前移前风窗、驾驶人和乘客位置，给后排腾出很大空间，而向后移动后轮（非驱动）使车轮拱罩嵌入内部，进一步加大了空间。不管怎样，这都是一个非常创新的包装和风格组合。

车顶侧梁（cant rail）

通常直接位于B柱顶上的结构部件形成了门框孔的顶部边缘，并可完美地融合到A柱和C柱中，一个布置最明显的例子就是玻璃车顶的汽车，如奔驰E级车。

特征造型线条（character line）

一个重要的特征线或是折痕可以被雕琢出来，或是由汽车表面的两个面相交而形成的，这都给予或是增加了对车型的定义和个性。对于特征线或是折痕来说，特征造型线条在汽车设计中是最基本和最重要的线条，最好的例子可能就是西雅特Altea和奔驰CLS。

亦可见**形式语言、表面语言。**

伪装板（cheater panel）

伪装板是小三角形，通常哑光黑色，在A柱的底面。它一般形成于前车门的侧窗玻璃平面或是DLO的前边缘，前门可以有效地掩饰雕塑的不确定性，但是关键是三个面交汇处。对于这样一个小项目，其贡献是令人惊讶的重要。在功能上，如果在门里，会为外部后视镜提供一个自然的平台，也会为前玻璃流水提供有效的通道。

后伪装板（或美语称旗子）也是一个小的，通常为磨砂黑色的三角形板，位于后车窗的边缘或是后围侧板上。在前者中，它的功能是创建一个较短的玻璃窗，提供一个垂直通道，并使窗口可以降低以至于不妨碍车门关闭和锁定机制。除去功能上的考虑，设计师们使用伪装板创造出了一个更长和更优雅的DLO假象。

油泥（clay）

汽车造型的油泥是一种暗淡的、棕色、无颗粒的，蜡油作为添加剂的材料，通常作为缩比模型或是全尺寸模型的表面和内部造型使用。尽管温度敏感，不像添加剂为水的陶瓷黏土，它不会完全变干，也不能加热。当加热到60℃左右，就会有很好的延展性，可以作为一个25mm左右的厚度外层类似头盔或者皮肤一样的结构粘附在骨架表面。冷却至室温后，再使用各种手工工具或是计算机控制的三轴或五轴铣床进行雕刻。油泥的特殊优点是可以很容易地添加或是减少，使得模型看起来非常完美无瑕。

装饰油泥（dressed clays）

因为油泥是暗淡和无表现力的材料，油泥模型需要由决策的非设计师进一步装饰才能被正确理解。最简单的装饰形式就是玻璃区域全部涂黑，无论是全尺寸还是缩比。这可以通过使用黑色的胶带线或是黑色染料很容易快速实现。天闭线、车轮和其他对比区域将会被装饰，留下裸露的油泥来表示油漆表面。这提供了有效的三维图形对比，尽管更细微差别仍然可以被不能反射的油泥有效的伪装。这下一步就是贴膜或是喷剩余表面的油漆。

折线（crease line）

折线是由两个不同的平面或是表面交汇所形成的压制或是折叠的线。与特征线不同的是，一个折线需要整体的设计，并且不能简单地被应用于表面，但通常是定义主要表面和高度的方法。折线可能是正的或是负的，但比特征线有更多的内在完整性。然而，一个特别突出或是有意思的折线在另一个简单的表面上可能呈现出特征线的作用。两个相邻的折线可能共同创造出一个特征线，就像乔治亚罗在1974年设计的大众高尔夫MK1所见到的。

冠（crown）

在一个面板中，冠是复合曲率，通常是凸的：在一个平面上，它可以简单称为曲率。对于工程师，冠提供了内在的刚度；对于设计师，它能够控制强光和光线。

平面度的出现可以用非常微妙的冠来实现，但真正的平面度不能精确地控制。测量冠的一个简单的方法是和一个参考直边相比较。在汽车表面的任何方向上总是有相当多的冠，但并不是很明显或是看起来不存在玻璃被认为是没有冠的。玻璃表面，特别是风窗玻璃，是有意图和目的性的单曲率。主曲率——前后屏的平面图，侧玻璃的侧视图——控制任何细微变化，而需要曲率在相反的平面上。

撞击缓冲区（Crumple zones）

那些牺牲汽车的前后端，在可控制的方式下变得逐步崩溃或是褶皱，吸收和耗散碰撞的力量而不是传递到更昂贵的机械零件或是车主身上。

他们也可以使一个平常的事故后果看起来相当惊人，并引发关于现代汽车的浅薄无知的猜测。由于欧洲NCAP（新车评估计划）开始发布其独立的测试结果，安全性已成为汽车的最大卖点。然而现在，制造商已经证明了他们能上升到这一挑战，NCAP开始发布行人交通安全测试结果，这可能对汽车的前端外观影响较大。

DLO

这是采光口（day light opening）的缩写，用来描述一个汽车的侧面玻璃的形状。采光口是最重要的汽车设计图形元素，因为它为创造出一个强烈对比的表面提供了机会，该表面可以用来衬托和加强的一种形式。

在有图形连续性的地方，也可以包括前风窗和/或后风窗。这种观点在风窗玻璃抛光和前后风窗粘合的出现之后很容易令人相信，同时允许对不可开的支柱也进行光顺处理。

公路上的图像（DRG）

前端和汽车前脸的设计特点和特征使汽车从很远就能确定其品牌。

贴膜（Di-Noc）

Di-Noc是一种薄的、喷漆处理的，通常银色，有弹性的塑料薄膜，用它可将湿纸揭掉。这相对涂料的优势是，它可以简单地剥离，便于设计变更，不影响油泥表现。

DNA

设计DNA已成为汽车设计协会的术语，像天后（Diva）这个词，在媒体上推广得广泛流行，其真正的意义已经失去。

术语遗传信息、遗传形状与系谱到语境意义的核心品牌价值深深地渗入到一个公司，其设计的产品可能反映这些基本价值和与其他产品在同一家公司。它不是关于相对肤浅的造型主题，一体化设备，或陈词滥调，这更多是与品牌形象和营销策略是，品牌的身份等。

虽然雪铁龙2CV和DS是完全不一样的车型，但是本质上共享着相同的创新、清晰的思维创造力、情节、实用性的目的，这就是所有伟大的雪铁龙具有的特质。

特征线（feature line）

在汽车车身表面上的一条简单的线。最好的特征线会给汽车设计带来意气相投的感觉，但有些可能只是为了缓解单调的或是大面积的平的金属板。他们也可以用来加强形式、环节、配合、协调或是直观地组织项目松散的排列，如门把手、通风口、后牌照凹槽和前后镜头等等都会出现在所有汽车上。任何和所有的车身面板都会有一些特征线，已被熟知的特征线也越来越多。亦可见折线。

挡泥板（翼子板）

翼子板是一些用来包裹或覆盖车轮的板子，其作用是防止旋转车轮卷起的雾、泥土、石头等伤害到车身，同时也保护车主和道路上其他行人的安全。在早期，最简单的形式中，他们紧紧跟随着车轮的形状，像自行车的挡泥板。如今，可见到的前翼子板出现在所有车的配置中，但是后翼子板在三厢轿车才有。在掀背式汽车中，包裹后轮的面板被称为后围侧板。

英语（英）：翼子板（wing）。

防火墙（firewall）

隔板是用来阻挡乘客舱和发动机舱的结构板。基本功能包括隔离声音和热量，但隔板有时也起到支撑例如电池或是风挡玻璃清洗装置等作用。跑车和轿车有后隔板，虽然如今都被设计融入了座椅靠背。

英语（英）：隔板（bulkhead）。

形式语言（或表面语言）

这可以指任何单独的汽车外形的控制，或是给人视觉感受或认同其特征，或让人将整个制造商联系起来。

通常，任何汽车的外观和内部的基本表面处理将有助于确认其性质或目的。一个小城市汽车，意在无侵略性和友好的，有柔和的曲线、大方的圆弧、一个快乐的前脸和俏皮的内部细节。跑车的曲面应该看上去运动和强大，4x4s驱动汽车应趋于厚实，直接和粗犷。

协调的应用，表面语言是一种品牌或品牌标识，是指来自不同公司的设计师会进行大致从A点到B点的相似的雕塑的旅程。

以原有的TT为基型，奥迪的设计有着严格的几何表面和细节。这个设计称为整个车系的特征，并创建了一个统一的家族特征。有趣的是，由奥迪设计的兰博基尼的表面不能误解为更情绪化的法拉利458 Italia。

捷豹车型可以追溯到有激情的E型、D型和C型，但更清晰的新XF和XJ开始定义新的未来形势。一些形式语言甚至可以赋予重要的意义而被命名：20世纪90年代福特的新边缘和不令人信服的静似动的动力学设计。宝马有争议的火焰表面使其统一而又多元化。

早期的日本以及近些年的韩国和中国的制造商，没有自己的设计历史，借用别人的成功设计语言作为一个让大众接受的快捷方式。

温室（玻璃室）

在车体上部，有玻璃镶嵌的乘客舱部分称为驾驶舱。这种结合在腰线中提及到。当前后风窗角倾斜越来越大，驾驶舱内倾也越发明显，增加了采光量，根据这个意思才有了“温室”一词。

硬点（Hard point）

在总布置图中的点，表示零部件位置或是不可移动的支点位置，因此必须在其周围安置或设计。

这些包括发动机、悬架、燃油箱、车轮中心和轴距（以及内部轮拱）踏板，可能是一个完整的平台，从而对外部和内部设计产生相当大的影响。

根据行人碰撞立法的要求，当这些固定组件发生板件变形时需要有一个81mm的间隙，一些硬点随着前部的压溃的间隙成为空间内的理论点，并对汽车外形产生了影响，特别是汽车前端。

前后灯必须遵守一系列的布置要求，它们可以被认为是硬点，如1999菲亚特曾提过。

髋部（Haunch）

髋部就是强调后轮眉上的翼子板造型，被比喻成运动员肌肉健硕的肤肌，因此代表着能量和性能。从20世纪50年代开始，髋部一直成为大多后轮驱动轿车通用的基本元素，这也让我们联想到捷豹，曾把它当做是其形式语言的关键部分。

亮点和光线（Highlights and lightlines）

这些存在于所有发亮的物体表面，是描述和理解形式的关键。光线就是沿表面反射光的有效路径，在不考虑轮廓线下，光线可以很好地帮助理解塑造的外型。

一个亮点是一个可见光，其在光线中的一点耀斑，取决于观看者的位置。就像光线一样，锋利的折线会发出清晰严密的亮点，平顺的折线会产生较大，但柔和的亮点。当然，汽车不是纯碎的静态对象，当汽车（或观察者）动起来时，无论是亮点还是光线都会在车身表面流动变化。要在一个复杂的3D表面表现该流动变化使其从任何角度观察都是具有挑战的，这需要丰富的造型经验。

反光和水平线

任何有光泽的表面，无论邻近或远处的物体都会反射光线。

在典型的沙漠场景，车的上表面是蔚蓝的天空，其下表面反映了无穷多的沙砾。他们相遇的地方产生了水平线。沿DLO或身体两侧绘制的草图或渲染规则，已被汽车设计师使用，观察者也能够很好地理解。

因为天空和沙子是无相似特征，水平线（明显的暗线）是直的，汽车造型的任何改变都可在其反射中产生偏差，因此可以很好地描述汽车造型变化。

光线、亮点和反射都是在人工环境下创造的，所以在现实生活中，设计工作室外通常都有很高的围墙和开阔的室外观察空间，这样在白天全尺寸模型可以从很大的距离外进行观测调整。

发动机舱盖（hood）

发动机舱盖是车身前端包裹前置发动机（后置发动机的称为engine covers）的外车身板件，通常可以被抬起或打开以露出发动机。发动机舱盖后边缘称为罩线。发动机舱盖关闭线通常在顶部，并从A柱的内侧边缘向前延伸出去。大多数路虎和萨博有自己独特的发动机舱盖，可以有效地合并前挡泥板的顶部，并使关闭线（及其相关法兰）移动到身体两侧。

英语（英）：发动机舱盖（bonnet）。

分度（indexing）

分度是将表面、特征、细节排列起来实现外形流动和形象连续的组织结构。只有当有一个间隙或缺口，例如由车轮造成的非连续性，分度才是需要的，或者应该参考的。

车身侧面雕刻线直接穿过车轮开口位置，没有侵入，然后如同手术般离开，这将确保表面和特征线连续，有完美分度。

但是在这个过程中可能会有欺骗的元素，可能暗含着线的严格连续等效果。人们信赖的眼睛会使之连续，因此感知会超过实际，没有人能够看出其中的不连续。

作为对比，标致306的香蕉形槛很清晰地只考虑两边轮拱罩和视觉计划——一种应用在运动轿车的使视觉效果最大化的装置，同时也提升了视觉上的性能表现。

分度也存在于车的任何地方。奥迪的上下格栅——保险杠，直到Walter de'Silva将所有点结合起来，形成了这个商标创造性的新面孔。在路虎 Discovery 4 汽车车门上，有一些严重的甚至有些故意的缺少分度。

仪表板（instrument panel，IP,也称为Facia’ Dashboard，Dash）

仪表板是一个特别重要的、功能复杂的平台，包含着很多信息，体现车的性能表现、运行良好、地理位置；重要和微小的控制、开关等；加热和空调输出；燃油存储情况；当然也有规定的杯座和储物空间。仪表板也隐含着一部分功能，如乘客安全气囊，空调/通风/风窗除雨雾系统及附加刮槽，也是非常重要的附件。

装饰物（Jewellery）

珠宝饰物（Jewellery英文原意）这个时尚界名词，在这里是车身外表面的装饰（格栅、车轮、甚至喷漆的制动卡钳）、车头灯和尾灯、侧转向灯、门把手和车标或一些在内表面（一些开关、仪器、通风孔和某部位的金属细节等）的明亮的结构件的总称。

他们的影响取决于他们与车身颜色的对比，饰物明显与暗色反衬，与银色光泽凸显——这是一个用来凸显不吸引人细节的有效方法。

灯光成了一个重要的装饰，探照灯和LED技术使得任何设计都能梦想成真——与之前的封闭式7in的前照灯大不相同。

梅赛德斯曾经是铬合金的最大用户，不仅用之装饰，还用之定义形式，使之成为1963 600豪华汽车的日耳曼艺术形式。

事实上，过多的零件装饰可以把一辆车（通常是一辆大的黑色的4×4带有大的镀铬车轮）装饰成一件珠光宝气的物件。

光或日光捕捉器（Light Catcher or daylight catcher）

这个名词在这里是为了造型设备提出的，像特征线一样，可以增加表面的质量，但是其是谨慎定位的，这样才能反射通常是来自于以南部分的光，并且在车身的低车身侧、车门或门槛部位。

如果光捕捉器有点长并且简短的，它会产生一个向前的运动效果，车上镀铬的有同样的视觉降低和金属的效果。

接合线（Joint lines）

某些车的行李舱盖并不能压成一块，因为面板的相邻右角结构，以及首选的尖锐底切，与某些车牌深处的设计连在一起。

单个平板的压痕可以通过对接和激光焊接一个分离的低的车牌使面板承受主要的行李舱挤压，但这会产生一个（几乎不可见）有时候会被明亮条带掩盖的接合线。

光线条：见于加亮区和光线条。

前后悬（Overhang）

车上的这些部件被设计从前轮向前及从后轮向后延伸，也包括撞击缓冲区。

在实现整体视觉平衡上前后悬和轮距的关系是决定性的，太长的前后悬是不受欢迎的，幸运的是，过长的前后悬的视觉比例可以通过明智地使用平面形状来减少。某些设计者争辩：不等值的是前后悬确实增加了视觉动感，然而带有等值前后悬的汽车会看起来固有的安静。

总布置（Package / Package drawing）

总布置是一个车的整体基本布局。通常总布置图需要提供出来，供工程参考。它作为一个装配集合体，包括大量确定的不可更改的硬点，以汽车安装主要零部件的形式出现。

主要包括推荐的长宽高、车轮半径、发动机、传动系统和油箱位置、风窗位置和夹角、最大和最小百分位乘员位置（带有视线），后者同样会影响内部设计，以及车轮拱内部压入部分。

工程图或三维CAD格式，这将会提供基本的框架，设计师必须能够让他的设计草图作品能够适应这个设计，不是掉关键特征。总布置图需要画在10位线网格上，在规定的比例内，可以测量尺寸，总布置图没有给艺术设计改动的空间。

立柱（Pillars）

立柱填补了大量的基本结构，是重要的结构件，车门是铰接并且靠门柱关上的，他支撑车顶车架并且保护乘客，构成门窗的框架，门柱可以通过框边中断或被侧窗包住而看不出其存在，或通过内部装饰来做出DLO掩饰。

A柱（A Pillars）

风窗玻璃每侧直立的结构支撑通常结合在A柱上，A柱无缝平滑地结合到上侧梁。翻转规则要求需求如此强烈，很多A柱为了不影响看清路人而变得让人担心的纤细，将A柱向前推进进入驾驶人视野区域的一体框设计可以更好地实现这个目的，在A柱的基部有好多面在此汇聚，也使之成为设计师需要处理好的最具挑战性的区域。

B柱（B Pillars）

严格地说，只有车门打开时，大多数四、五车门（也包括有些二、三车门）的车B柱才可以看出来。我们所指的B柱掩盖了实际的位置，实际上是前后车门玻璃之间竖直的相邻的框所在的位置。真实的B柱是一个不可变的高强度、垂直的结构件，前门闩锁在上面，后门通过铰链连在上面，还有前排座椅安全带上段也固定在B柱上。

C柱、D柱（C Pillars D Pillars）

A柱可能典雅，B柱相当朴实无华，多功能，C柱可以有自己的风格。就像宝马所谓的霍夫迈斯特拐角（Hofmeister Kink），有些C柱变成重要的商品标志。严格地讲，对于一侧有三个车窗的车（例如旅行车、SUV、MPV）来说，C柱是第三个柱也就是后车门柱，最后面的立柱称之为D柱。

平面形状（plan Shape）

平面视角是从汽车上方的视角就像从上往下看。平面形状指的是车身两侧的弯曲曲率数值，尤其是前后端，就像从上面看到的那样。

汽车通常有主要的常用曲率，但是目前这些曲率会明显地在车前后端增加（在那里被看作收缩），或有大的圆角——在某些情况下，没有任何角。聪明地使用平面形状，视觉上将角向后移，提供了需要进行高强度撞击实验的大的前后悬空间的可能。

平台（platform）

将平台看作一个后期底盘——一个基本构件和机械结构，然后在车体外面覆盖上可见的金属薄板，也不算不恰当。由于平台组成要素的不可见性，平台包括典型发动机、悬架、机构冲压件，例如车底板和防火墙，这使得平台共享的实践非常的广泛，同时取得了巨大经济规模，这在不同品牌之间也非常常见（如大众、奥迪、西亚特），但是对经济性的追求产生了一些令人吃惊的合作（菲亚特500，福特ka）。

风窗玻璃夹角（Screen angle）

汽车的风窗玻璃夹角是在其中心线上测定的从垂直向后倾斜的角度。风窗玻璃夹角更“快”，更锐角通常标志着这是一个运动型的汽车。但是，对风窗玻璃夹角的限制不仅仅是法规，还有真真实实存在的：随着风窗玻璃角度的增加，内部折射的可能性也增加，从67°开始夹层玻璃实际上开始变得不透明。标志性的兰博基尼的Countach对风窗玻璃角度有相当多的限制。玻璃区是一个汽车外形轮廓的一部分，而风窗玻璃在驾驶人眼睛前方大致是平的，在玻璃边上可以使用双倍曲率，以使之可以与内倾的侧面风窗结合，包裹起来。

肩线（Shoulder and shoulder line）

肩线基本上在汽车的车身上部，并在此折叠与侧窗结合，它的性质能反映车的本质特征。合理地说，介于侧窗以下，肩线、腰线以上的表面统称为肩，有趣的是，它因此位于腰线以下。它不应该被与同样定位的髋部相混淆。沃尔沃的商标肩线已经发展成为其品牌的身份特征，强调强度即安全性，因此成为沃尔沃长期持有的代言词。

另请参见腰线。

闭合线（Shut line）

闭合线或切割线，是两个相邻的车身外板或内装饰板的必要间隙，其中任何一个都是可打开的。它们可以单独定义为门自动关上或罩合，他们的紧密度和一致性是制造质量的可靠性指标。表面和特征线的连续性，以及与相邻面相切或者对齐，现在是基本的要求。设计师抓住一切机会表现可以体现汽车的形式反映其设计特征的闭合线，这将与其造型的表面设计语言一致。

车门槛板（脚踏板）（Sill/Cill或Rocker Panel）

这个可见的结构件位于前门和后门轮拱之间，在车门以下。在有的车上它与门重叠，并隐藏起门槛。

作为下半车身的轮廓，车门槛板也是一个大的可见部件，其形状很可能加强汽车的特征。通常情况下，车门下槛板是一个通过轮拱环绕汽车的持续的线。在跑车上，它很可能变为负，沿曲线向下，直至车轮。如果在平面视图中门槛是负的，则可能是严重的错误。

在大多数汽车上，车门槛板用来出入踩踏。在奔驰A级车上，夹层地板结构是指地面门槛与地板同一平面，保证容易进出。一旦门槛被设计成深色涂装，就可以用来进行车身色彩的搭配和点缀。这导致了几代车型的车体两侧较深，尤其是运动款，但在许多情况下，这在视觉上看起来厚重。设计师有时借此机会塑造其表面进行了空气动力学优化的门槛，来加速气流从前轮流向后轮。

姿态（Stance）

姿态展示态度、意图和能力，赋予存在感，而且同样可识别车是静止的或动感的（显然类似的术语指汽车的动态行为）。姿态很大程度上定义为车身对车轮和整车对地面的关系，这对于所有的汽车来说是重要的，但哪些姿态更为重要是更关键的。在深度和直径方向上填补汽车轮拱的车轮，会提供一个相当的稳定性。从车身两侧突出的车轮和轮拱意味着性能，甚至攻击性特征，同时也需要最小离地间隙。相反，大的离地间隙是人们通常在物理和视觉对越野车的要求。

表面语言（Surface language）——见form language。

模锻线（Swage line）

模锻是冷态金属在带槽的工具或模具中挤压成形的技术。在早期的汽车背景下，一个板件的边缘被模锻，以便它可以重叠其相邻创建的连续表面——通常沿着腰线。当技术发展之后，一体式车门的生产成为可能，模锻线已经成为一种常见的美观的特征（在双色喷漆方案的一个有效的区分），通常由主线或镀铬腰线装饰线条掩饰其存在，在这个过程中有效地成为一条特征线。如今，该术语通常用于（特别是那些有工程背景）一些抬起的、连续的、在车身侧面的特征线。

舷内倾（Tumblehome）

舷内倾是航海术语。由于具有曲面玻璃的制作，以及需要描述腰线以上汽车侧面凸起的曲率，它被引入汽车领域来。

不同于风窗玻璃夹角，舷内倾的角度或量是无法测量的。舷内倾的量需要由设计师作为整体汽车总布置里的一部分仔细去平衡。像菲亚特Multipla或本田crossroad就是汽车中具有很小舷内倾的例子，这是由于他们将重点放在实用性和宽敞空间上。

腰线（Waist line）

见腰线（beltline）。

轮拱（Wheel arches）

轮拱实质上是在车身两侧包着车轮，特别重要的是作为车轮周围框架的保护。最简单，通常也是最令人满意的说法是，轮拱看起来像是切割了车身两侧。车轮和轮拱的关系是矛盾的，设计者试图使车轮尽可能充分地填充满轮拱，车轮和轮拱，可通过局部拉伸车身侧面或通过轮拱或轮眉扩张来强调。有时候由哑光黑色塑料制成，这就可以降低车轮拱罩和翼子板的顶部之间的涂漆金属片厚度，同时起到了保护作用。聪明地使用金属板也可以实现相同的效果。

轴距（Wheelbase）

轴距是前轮和后轮中心之间的距离，是谋求内部空间效率，优化排布的一个关键尺寸。生产厂商的继承车型的整体尺寸往往比他们的前辈要逐渐增大，但最大的增加总是轴距。前后悬却已悄然缩水。轴距也是一个视觉上的重要尺度参数，对汽车的整体平衡和比例具有重要作用。

翼子板（wing）

见挡泥板（fender）。

附录　世界汽车品牌

这里列举了世界主要汽车制造商和品牌，连同他们的总部位置和网址。许多是属于更大的母公司，但是他们有自己的总部，例如西班牙的西亚特和捷克共和国的斯柯达，都是大众旗下的品牌。应该记住汽车设计者的机会也存在于汽车供应商和改装车公司、摩托车公司、商用车公司、公交车和越野车公司。

品牌	简介	总部	网址
阿巴斯	菲亚特高性能品牌	意大利　都灵	www.abarth.it
讴歌	本田奢华品牌	美国　加利福尼亚托伦斯	www.acura.com
阿尔法罗密欧	菲亚特运动优质品牌	意大利　都灵	www.alfaromeo.com
阿斯顿马丁	独立豪华跑车	英国　盖东德国	www.astonmartin.com
奥迪	大众优质品牌	德国　因戈尔施塔特	www.audi.com
宾利	大众奢侈品牌	英国　克鲁郡	www.bentleymotors.com
宝马	高档汽车	德国　慕尼黑底特律	www.bmwgroup.com
华晨	中国制造商	中国　沈阳	www.zhonghuacar.com
布加迪	大众集团超跑制造者	法国　莫尔塞姆	www.bugatti.com
别克	通用汽车分部	美国　底特律	www.buick.com
比亚迪	中国混合动力汽车	中国　深圳	www.bydauto.com.cn
凯迪拉克	通用汽车奢侈品牌	美国　底特律	www.cadillac.com
卡特汉姆	汽车运动爱好者	英国　达特福德	www.caterham.co.uk
长安汽车	中国轻客制造商	中国　重庆	www.changan.com.cn
奇瑞	中国自主品牌汽车	中国　芜湖	www.chery.com.cn
雪佛兰	通用主要品牌	美国　底特律	www.chevrolet.com
克莱斯勒	美国菲亚特群控	美国　奥本山	www.chrysler.com
雪铁龙	标致汽车公司分部	法国　巴黎	www.citroen.com
达契亚	进口雷诺品牌	Pitesti　罗马尼亚	www.dacia.ro
大宇	通用韩国生产	韩国　首尔	www.chevroleteurope.com
大发	丰田集团子品牌	日本　大阪	www.daihatsu.co.jp
戴姆勒	梅赛德斯和Smart母公司	德国　斯图加特	www.daimler.com
道奇	克莱斯勒集团子品牌	美国　奥本山	www.dodge.com
法拉利	菲亚特控股超跑制造商	意大利　马拉内洛	www.ferrari.com
菲亚特	量产汽车制造商	意大利　都灵	www.fiat.com
菲斯克	豪华混合动力汽车制造商	美国　加利福尼亚州威尔士	www.fisker.com
福特	跨国汽车制造商	美国　德尔伯恩	www.ford.com
吉利	中国汽车制造商	中国　杭州	www.geely.com
通用	通用品牌卡车	美国　底特律	www.gmc.com
长城	重要的中国汽车制造商	中国　保定	www.gwn.com.cn
哈飞	中国小汽车制造商	中国　哈尔滨	
Hindustan	印度历史悠久的汽车制造商	印度　加尔各答	
霍顿	澳大利亚通用品牌	澳大利亚　墨尔本	www.holden.com.au
本田	主要的汽车和摩托车制造商	日本　东京	www.honda.co.jp
红旗	中国大汽车制造商	中国　长春	www.faw.com.cn
悍马	通用大SUV品牌，面临倒闭	美国　印第安纳州南Bend	www.hummer.com
现代	韩国主要汽车集团	韩国　首尔	www.hyundai.com
英菲尼迪	日产奢华品牌	日本　东京	www.infiniti.com
铃木	日本SUV制造商	日本　东京	www.isuzu.co.jp
依维柯	菲亚特卡车品牌	意大利　都灵	www.iveco.com
捷豹	塔塔豪华车制造商	英国　考文垂	www.jaguar.com
吉普	克莱斯勒品牌SUV	美国　密西西比州奥本山	www.jeep.com
江铃陆风	中国SUV制造商	中国　南昌	www.landwind.com
起亚	现代集团子公司	韩国　首尔	www.kia-motors.com
科恩	奢华超跑	瑞典　安吉霍姆	www.koenigsegg.se

品牌	简介	总部	网址
KTM	轻量运动车，摩托车	澳大利　亚玛蒂希霍芬	www.ktm-x-bow.com
拉达	雷诺控股，大部在俄罗斯	俄罗斯　陶里亚蒂	
兰博基尼	超级跑车，属于大众集团	意大利　圣亚加塔·波隆尼	www.lamborghini.com
蓝旗亚	菲亚特旗下高档品牌	意大利　都灵	www.lancia.com
路虎	高档SUV，属于塔塔集团	英国　索力哈尔	www.landrover.com
雷克萨斯	丰田旗下豪华品牌	日本　东京	www.lexus.com
林肯	福特旗下美国豪华品牌	美国　密歇根州迪尔伯恩	www.lincoln.com
路特斯	专业跑车，由宝腾控股	英国　海塞尔	www.grouplotus.com
LTI	伦敦出租车制造商	英国　考文垂	www.lti.co.uk
马恒达	SUV及卡车制造商	印度　孟买	www.mahindra.com
马鲁蒂铃木	印度主要汽车制造商	印度　新德里	www.marutisuzuki.com
玛莎拉蒂	豪华跑车，属于菲亚特集团	意大利　摩德纳	www.maserati.com
迈巴赫	戴姆勒旗下超豪华品牌	德国　斯图加特	www.maybach-manufaktur.com
马自达	与福特关系紧密的汽车制造商	日本　广岛	www.mazda.com
迈凯伦	超级跑车	英国　渥金	www.mclarenautomotive.com
梅赛德斯-奔驰	戴姆勒集团主要品牌	德国　斯图加特	www.daimler.com
水星	属于美国福特集团，即将倒闭	美国　密歇根州迪尔伯恩	www.mercuryvehicle.com
MG	前英国品牌，属于南京汽车	中国　南京	
Mini	宝马旗下高档小型车品牌	英国　牛津	www.mini.com
三菱	轿车制造商	日本　东京	www.mitsubishimotors.com
摩根	专业跑车	英国　莫尔文林克	www.morgan-motor.co.uk
日产	与雷诺联合的汽车制造商	日本　东京	www.nissan.co.jp
欧宝	通用旗下欧洲品牌	德国　吕塞尔斯海姆	www.opel.com
帕加尼	超级跑车	意大利　摩德纳	
Perodua	基于大发车型的品牌	马来西亚	www.perodua.com.my
标致	属于标致雪铁龙集团	法国　巴黎	www.peogeot.com
庞蒂亚克	前通用旗下品牌	美国　底特律	
保时捷	大众旗下跑车制造商	德国　斯图加特	www.porsche.com
宝腾	马来西亚小型车制造商	马来西亚　雪兰莪	www.proton.com
雷诺	与日产联合的汽车制造商	法国　布洛涅-比扬古	www.renault.com
荣威	上汽集团高档品牌	中国　上海	www.saicgroup.com
劳斯莱斯	宝马旗下超豪华品牌	英国　奇切斯特	www.rolls-roycemotorcars.com
萨博	前通用品牌，现属于世爵	瑞典　特罗尔海坦	www.saab.com
三星	属于日产雷诺联盟	韩国　首尔	www.renaultsamsungm.com
赛恩	丰田旗下美国青年品牌	美国　加利福利亚州托伦斯	www.scion.com
西雅特	属于大众集团	西班牙　巴塞罗那	www.seat.com
斯柯达	属于大众集团	捷克　姆拉达-博莱斯拉夫	www.skoda-auto.com
Smart	戴姆勒旗下微型车品牌	德国　伯布林根	www.smart.com
世爵	豪华跑车制造商，控股萨博	荷兰　茨沃德	www.spykercars.nl
双龙	由上汽集团控股的SUV制造商	韩国　首尔	www.smotor.com
斯巴鲁	属于丰田集团	日本　东京	www.subaru.co.jp
铃木	小型车、SUV、摩托车	日本　滨松	www.globalsuzuki.com
塔塔	印度卡车及轿车制造商	印度　孟买	www.tatamotors.com
特斯拉	电动跑车	美国　加利福利亚州圣卡洛斯	www.teslamotors.com
丰田	全球第一大汽车制造商	日本　丰田市	www.toyota.com
UAZ	SUV及卡车制造商	俄罗斯　乌里扬洛夫斯克州	
Venturi	电动汽车	摩纳哥	www.venturi.fr
伏尔加	属于GAZ集团	俄罗斯　下洛夫哥罗德	
大众	具有领导地位的欧洲汽车制造商	德国　沃尔夫斯堡	www.volkswagen.de
沃尔沃	由吉利控股	瑞典　哥德堡	www.volvocars.com

致谢

一本书要是想做到能够从那么多的角度来处理、解决有关汽车设计的问题，那么就需要对产品的各部分特性进行大批量计算、校准，从而能保证产品各个部件之间的作用更加流畅，使成品更加简洁，更符合人们的意愿。

感谢文中提及的人们，他们都是制造领域内有着超高天赋的泰斗级设计大师，他们向外行人讲解相关知识，将知识教给年轻的设计师们，推动了汽车事业的发展，他们通过介绍他们所设计的产品，将之推广出去，让更多的人了解。

在此我特别感谢巴黎的标致雪铁龙集团的设计团队，Jean-Pierre Plou é（让·皮埃尔）为了让我们更深层次地了解，带领我们参观了他们的工厂以及他们的生产方式。感谢捷豹公司新型动感设计的工程师Ian Callum（伊恩）热情地答应了为本书写前言，感谢路虎公司的高级设计主管Oliver le Grice（奥利弗•格莱斯），允许我们走进、观察一位高级工程师的日常工作，观察资深工程师的工作，我们学到了很多。感谢Alfonso Albaisa, Marc Girard, Anthony Lo, Gordon Murray, Marek Reichman, Adrian van Hooydonk,Peter Schreyer以及David Wilkie还有一些其他的工程师们，感谢他们拿出了宝贵的时间跟我们面对面交流或者通过电话交流，帮我们解决诸多问题。我们还要感谢普福尔茨海姆大学、于默奥设计学院、底特律 CCS和考文垂大学的大学生们，感谢他们能够让我们在本书的第12章列出他们的研究成果。我们尤其感谢伦敦皇家艺术学院的汽车设计主管Dale Harrow教授，感谢他关于交通设计重要性及其在世界中的地位的文章，并向我们介绍了考文垂大学的汽车设计课程主任David Browne。David Browne在汽车设计方面的专业术语的理解高度是迄今为止所有出版的文献中水平最高的。我们同样感谢大学生Giles Chapman，感谢他提供的丰富的照片库以及他对本书第15、16和17章做的贡献。感谢来自Car Design News的Eric Gallina和Simon Timm，在他们的帮助下我们对第13章的内容重新进行了修改。

我们欠来自Magenta Systems的 David Downes 和 Salvador Roig很大的人情，感谢他们对我们全力的支持，给我们数字设计方面的内容和案例。我们同样感谢 Alias 和 Magic Car Pics，感谢他们在“时间就是金钱”的当今社会，不留余力地宣传着汽车行业的新闻。

TONY LEWIN RYAN BORROFF

2010年春

本书中出现的图片：

日产汽车有限公司，28页–29页，40页（下），41页，51页（下），96页（上），189页；马自达，3页，4页–5页，82页–84页，87–89页，132页；捷豹路虎，6页，7页，19页，30页（上），35页，40页（左下）；66页–73页，177页（下），178页，183 页(上)，186 页(下)，190页(左上)；劳斯莱斯汽车，8页；沃尔沃英国有限公司， 9页，85页；阿斯顿马丁，10页(上，倒数第二，下)，11页，43页(下)，74页(上和第二),75页，77页(下)；通用汽车，10页 (第二)，14页(上 和右下)，15页，18页(下)，20页–21页，48页(左下)，50页，151页，156页(左上，右上)，164页,183页(下)，185页(右上)，186页(第二)；宝马汽车有限公司(英国)，10 页(倒数第二)，16页–17页，30页(中)，34页，48页，79页(上)，154页(上，中)，159页(下)，161页(右上，右下)，167页(上)，169页(倒数第二)，186页(上)，193页(倒数第二)；起亚汽车有限公司 (英国) ，12 页(上)，13页； 奥迪英国，12页(下)，36页–37页，80页，86页，179页(上)，191页(左下)，192页(下)；贝尔托内，14页(左下)，150页，155页(上 和右下)，158页(上，左下)，159页(中)；大众英国，18 页(上，中)， 26页–27页，182页(第二)，191页(左上)，175页(下)；标致雪铁龙，22页–23页，30页(下)，31页，32页，38页(上，下)，42页(下)，44页，45页，47页(下)，54页–65页，74页(下)，76页(中,下)，77页(上，中)，181页(下)，182页(上)，184页(左下)；菲亚特，33页，38页(中)，49页(右下)，78页(上)，81页(下),161页(左下)，181页(第二)，184 (右下)，191 (右上)；丰田(GB)，24页–25页，192页(中)，193页(下)；©雷诺通信/雷诺设计，39页，97页；©雷诺沟通/保罗•哈维，42页，96页；梅赛德斯–奔驰英国有限公司，46页，47页(上)，98页，156页(下)，157页，180页，184页(左上)，193页(上)；福特汽车公司，52页–53页，111页(左下)，160页，170页，177页，181页(上)，187页(第二)，188页(中)，192页(上)；西雅特英国，79页； Mindset AG，90 页(上)，91页；戈登•默里设计有限公司，90页 (下)，100页–103页；THINK，92页；菲斯克汽车，93页；特斯拉汽车，94页–95页；文丘里汽车，97页 (下)；三菱英国，99 页(上)；塔塔汽车，99页 (下)；贾尔斯查普曼图书馆，104页–110页，111页 (右上，左上)，154页(下)，158页(第二)，162页–166页，168页(左)，169页(左),173页(下)，174页，175页(上)，176页 (上)，185页(左上，左下)，186页(倒数第二)，189页(上)，190页(左下，右上)；英国雷诺， 111页(右下);179页(下)； 欧特克，146页–147页；Magic Car Pics，152页 (主)，153页(上)，155页(左下)，158页(右下)，176页(下)，183页(中)，181页 (倒数第二)，185页(下)，188页(上)，189 (第二)；宾尼法利纳，152页 (插页和下)，182页(下)；©伯纳德•霍夫曼/时代生活图片社/盖蒂图片社，153页(下) ；意大利汽车设计室档案馆，159页 (上)，168页 (右)；雷诺/澳洲野狗， 169页(下)；克莱斯勒英国有限公司，172页–173页，182页(倒数第二)，184页(右上)，187页(倒数第二)；巴黎雷诺档案馆，187页 (上)，188页(下)，190页(右下)，191页(右下)，保时捷汽车英国有限公司，187页 (下)。